中国古典名著精华

魏　书

〔北齐〕魏收　撰
刘枫　主编

黄河出版传媒集团
阳　光　出　版　社

图书在版编目（CIP）数据

魏书 / 刘枫主编 .-- 银川：阳光出版社，2016.8（2022.05重印）
（中国古典名著精华）
ISBN 978-7-5525-2895-4

Ⅰ.①魏… Ⅱ.①刘… Ⅲ.①中国历史－北魏－纪传体 Ⅳ.① K239.210.42

中国版本图书馆 CIP 数据核字 (2016) 第 208418 号

中国古典名著精华　魏书　　**〔北齐〕魏收 撰 刘枫 主编**

责任编辑　金小燕
封面设计　瑞知堂文化
责任印制　岳建宁

黄河出版传媒集团 阳光出版社 出版发行

地　　址　宁夏银川市北京东路139号出版大厦（750001）
网　　址　http：//www.ygchbs.com
网上书店　http：//shop129132959.taobao.com
电子信箱　yangguangchubanshe@163.com
邮购电话　0951-5047283
经　　销　全国新华书店
印刷装订　天津兴湘印务有限公司
印刷委托书号　（宁）0020214

开　　本　710 mm × 1000 mm　1/16
印　　张　11
字　　数　132千字
版　　次　2016年11月第1版
印　　次　2022年5月第2次印刷
书　　号　ISBN 978-7-5525-2895-4
定　　价　27.80元

目　　录

献明皇后贺氏传

——《魏书》卷一三

【原文】

献明皇后贺氏,父野干,东部大人。后少以容仪选入东宫,生太祖。苻洛之内侮也,后与太祖及故臣吏避难北徙。俄而,高车奄来抄掠,后乘车与太祖避贼而南。中路失辖,后惧,仰天而告曰:“国家胤胄,岂止尔绝灭也!惟神灵扶助。”遂驰,轮正不倾。行百许里,至七介山南而得免难。

后刘显使人将害太祖,帝姑为显弟亢泥妻,知之,密以告后,梁眷亦来告难。后乃令太祖去之。后夜饮显使醉。向晨,故惊厩中群马,显使起视马。后泣而谓曰:“吾诸子始皆在此,今尽亡失。汝等谁杀之?”故显不使急追。太祖得至贺兰部,群情未甚归附,后从弟外朝大人悦,举部随从,供奉尽礼。显怒,将害后,后夜奔亢泥家,匿神车中三日,亢泥举室请救,乃得免。会刘显部乱,始得亡归。

后后弟染干忌太祖之得人心,举兵围逼行宫,后出谓染干曰:“汝等今安所置我,而欲杀吾子也?”染干惭而去。

后后少子秦王觚使于燕,慕容垂止之。后以觚不返,忧念寝疾,皇始元年崩,时年四十六,祔葬于盛乐金陵。后追加尊谥,配飨焉。

【译文】

献明皇帝拓跋实皇后贺氏,父亲是贺野干,为东部大人。贺皇后小时候因容貌美丽被选为太子妃,生下太祖拓跋珪。前秦将领苻洛率军来侵犯代国时,贺皇后与太祖及原贺兰部随他出嫁到拓跋部的扈从,向北方迁徙避难。不久,高车部落突然来抢夺财物，贺皇后乘马车与太祖为逃避强盗，向南奔走。途中车轴的挡铁掉了，贺皇后害怕，向着上天祷告说："国家的继承人，怎能就这样灭绝啊！希望神灵保佑。"于是赶车急驰，车轮端端正正，一点也不倾斜。跑了一百多里，到达七介山南边，因此得以免遭祸难。

后来刘显派人准备杀害太祖，太祖的姑姑是刘显的弟弟刘亢泥的妻子，知道这事，将它暗中告诉了贺皇后，梁眷也来报告这即将临头的大难。贺皇后于是让太祖离开。贺皇后晚上让刘显喝酒，把他灌醉。快到凌晨时，故意惊动马厩中的马群，刘显让人起来察看马群。贺皇后哭着对他说："我几个儿子开始都在这儿，现在全都没有了。你们是谁把他们杀了？"所以刘显没派人急着去追赶。太祖终于到了贺兰部，人心不怎么归附他，贺皇后的同祖弟外朝大人贺悦，率全部落的人跟从太祖，奉献衣服食品，恪守臣节。刘显发怒，将杀贺皇后，贺皇后夜间逃奔到刘亢泥家，躲进神车呆了三天，刘亢泥全家的人都乞求神灵救她，于是才得以免遭杀害。刚好刘显的部落发生内乱，贺皇后才得以逃回贺兰部。

后来，贺皇后的同祖弟贺染干忌妒太祖能得人心，起兵围困太祖临时住所，贺皇后走出去对贺染干说："你们现在想把我怎样，却想杀我的儿子吗？"贺染干惭愧地率兵离开了。

后来贺皇后的小儿子秦王拓跋觚出使后燕，后燕皇帝慕容垂不让他回来。贺皇后因拓跋觚没有回来，忧惧思念，因而患病，于皇始元年逝世，终年四十六岁，在盛乐金陵同祖先们安葬在一起。后来追尊为皇号，谥为"献明"，配祭于宗庙。

文成文明皇后冯氏传

——《魏书》卷一三

【原文】

文成文明皇后冯氏，长乐信都人也。父朗，秦雍二州刺史、西城郡公，母乐浪王氏。后生于长安，有神光之异。朗坐事诛，后遂入宫。世祖左昭仪，后之姑也，雅有母德，抚养教训。年十四，高宗践极，以选为贵人，后立为皇后。高宗崩，故事：国有大丧，三日之后，御服器物一以烧焚，百官及中宫皆号泣而临之。后悲叫自投火中，左右救之，良久乃苏。

显祖即位，尊为皇太后。丞相乙浑谋逆，显祖年十二，居于谅暗，太后密定大策，诛浑，遂临朝听政。及高祖生，太后躬亲抚养。是后罢令，不听政事。太后行不正，内宠李弈，显祖因事诛之，太后不得意。显祖暴崩，时言太后为之也。

承明元年，尊曰太皇太后，复临朝听政。太后性聪达，自入宫掖，粗学书计。及登尊极，省决万机。高祖诏曰："朕以虚寡，幼纂宝历，仰恃慈明，缉宁四海，欲报之德，正觉是凭，诸鸷鸟伤生之类，宜放出山林。其以此地为太皇太后经始灵塔。"于是罢鹰师曹，以其地为报德佛寺。太后与高祖游于方山，顾瞻川阜，有终焉之志，因谓群臣曰："舜葬苍梧，二妃不从。岂必远祔山陵，然后为贵哉！吾百年之后，神其安此。"高祖乃诏有司营建寿陵于方山，又起永固石室，将终为清庙焉。太和五年起作，八年而成，刊石立碑，颂太后功德。太后以高祖富于春秋，乃作《劝戒歌》三百余章。又作《皇诰》十八篇，文多不载。太后立文宣王庙于长安，又立思燕佛图于龙城，皆刊石立碑。太后又制，内属五庙之孙，外戚六亲缌麻，皆受复除。性俭素，不好华饰，躬御缦缯而已，宰人上膳，案裁径尺，羞膳滋味减于故事十分之八。太后尝以体不安，服庵闾子。宰人昏而进粥，有蝘蜓在焉，后举匕得之。高祖侍侧，大怒，将加极罚，太后笑而释之。

自太后临朝专政，高祖雅性孝谨，不欲参决，事无巨细，一禀于太后。太后多智略，猜忍，能行大事，生杀赏罚，决之俄倾，多有不关高祖者。是以威福兼作，震动内外。故杞道德、王遇、张佑、苻承祖等拔自微阉，岁中而至王公；王睿出八卧内，数年便为宰辅，赏赉财帛以千万亿计，金书铁券，许以不死之诏。李冲虽以器能受任，亦由见宠帷幄，密加锡赉，不可胜数。后性严明，假有宠待，亦无所纵。左右纤介之愆，动加捶楚，多至百余，少亦数十。然性不宿憾，寻亦待之如初，或因此更加富贵。是以人人怀于利欲，至死而不思退。

太后曾与高祖幸灵泉池，燕群臣及藩国使人、诸方渠帅，各令为其方舞。高祖帅群臣上寿，太后忻然作歌，帝亦和歌，遂命群臣各言其志，于是和歌者九十人。

太后外礼民望元丕、游明根等，颁赐金帛舆马，每至褒美睿等，皆引丕等参之，以示无私。又自以过失，惧人议已，小有疑忌，便见诛戮。迄后之崩，高祖不知所生。至如李䜣、李惠之徒，猜嫌覆灭者十余家，死者数百人，率多枉滥，天下冤之。

十四年，崩于太和殿，时年四十九。其日，有雄雉集于太华殿。高祖酌饮不入口五日，毁慕过礼。谥曰文明太皇太后。葬于永固陵，日中而反，虞于鉴玄殿。诏曰："尊旨从俭，不申罔极之痛；称情允礼，仰损俭训之德。进退思惟，倍用崩感。又山陵之节，亦有成命：'内则方丈，外裁掩坎，脱于孝子之心有所不尽者，室中可二丈，坟不得过三十余步。'今以山陵万世所仰，复广为六十步。辜负遗旨，益以痛绝。其幽房大小，棺椁质约，不设明器。至于素帐、缦茵、瓷瓦之物，亦皆不置。此则遵先志，从册令，俱奉遗事。而有从有违，未达者或以致怪。梓宫之里，玄堂之内，圣灵所凭，是以一一奉遵，仰昭俭德。其余外事,有所不从,以尽痛慕之情。其宜示远近,著告群司,上明俭诲之善,下彰违命之失。”及卒哭,孝文服衰,近臣从服,三司已下外臣衰服者,变服就练,七品已下尽除即吉。设祔祭于太和殿,公卿已下始亲公事。高祖毁瘠,绝酒肉,不内御者三年。

初,高祖孝于太后,乃于永固陵东北里余,预营寿宫,有终焉瞻望之志。及迁洛阳,乃自表缠西以为山园之所,而方山虚宫至今犹存,号日“万年堂”云。

【译文】

文成帝文明皇后冯氏,是长乐信都人。她的父亲冯朗,北魏时官至秦、雍二州刺史,封西郡公。母亲是乐浪人,姓王。冯后出生于长安,诞生时有神秘光辉出现的奇特现象。冯朗因犯罪被杀,冯后便被充后宫为奴婢。世祖拓跋焘的左昭仪,是冯后的姑姑,平素有做母亲的品行,对冯后进行抚养教育。冯后十四岁的时候,高宗文成帝拓跋登上帝位,通过选择,冯后被封为贵人,后又被立为皇后。高宗逝世,按照北魏前代惯例:皇帝逝世,三天后,皇帝所穿过的衣服及用过的物品,全都烧掉,朝廷百官及后宫皇后妃嫔都到场嚎哭。冯后悲痛地哭叫着,扑进焚烧高宗衣服器物的大火中,身边的人把她救出来,过了很久才苏醒。

显祖献文帝拓跋弘当皇帝后,冯后被尊为皇太后。丞相乙浑密谋夺取帝位,显祖当时才十二岁,正在为高宗守孝,冯太后暗中制定重大计策,处死乙浑,于是到朝廷处理国家大政。高祖孝文帝元宏诞生后,冯太后亲自抚养他。从此以后停止用太后的名义发布政令,不再处理朝廷政事。冯太后行为不正当,宠爱李弈,显祖借故将李弈杀了,冯太后不能如愿以偿。显祖突然逝世,当时人说是冯太后杀了他。

承明元年,冯太后被尊为太皇太后,再次亲临朝堂处理政事。冯太后生性聪明,通达事理,自从进入后宫后,粗略地学了些字和算术。她总掌朝政后，对繁杂的政务都能加以审察并作出裁决。高祖下令说："我空虚少识，幼年继承大业，仰仗仁慈英明的太皇太后，使全国得以安宁，我希望能报答她的恩德，只好借助于佛祖，所有豢养的伤害生灵的猛禽，都应该放归山林中去。利用饲养它们的地方为太皇太后建造佛塔。"因此废除鹰师曹，在原鹰师曹所在地修建报德寺。冯太后和高祖一起到方山游览，她观望原野山冈，想死后安葬在那儿，于是对群臣说："舜葬在苍梧，他的两个妃子并没有和他葬在一起。我何必到遥远的云中金陵和高宗葬在一起，才能表明我的尊贵呢！我老了以后，神灵就安息在这儿吧。"高祖于是命令有关机构在方山为冯太后修建陵墓，并修建永固石室，准备将来作为祭礼冯太后的庙宇。陵墓等建筑从太和五年开始修建，太和八年建成，树立石碑，刻写文字，称颂冯太后的功绩和德行。冯太后因为高祖年龄还小，便撰写《劝戒歌》三百多首，又撰写了《皇诰》，共十八篇，因为文字太长，本书不加转录。冯太后在长安为父亲文宣王冯朗修建庙宇，又在龙城建造思燕佛塔，都立有石碑，刻写文字。冯太后又下令，皇室祖宗五庙的孙子、外戚五代以内的亲属，都享受不交纳赋税及不承担徭役的恩典。她生性节俭朴素，不喜欢华丽的服饰，自己只穿没有花纹的丝织品。厨夫给她送食物，食案只有一尺宽大，各种食品按进奉太皇太后的惯例减去十分之八。冯太后曾经因身体不舒服，喝青蒿子煮的粥，厨夫在黄昏时将粥送来，粥里有只蜥蜴，冯太后用勺子把它舀了起来。高祖当时在她旁边服侍，极为愤怒，将对那个厨夫进行严厉惩罚，冯太后笑着将厨夫放了。

自从冯太后亲临朝堂总掌大政后，高祖平素性格就孝顺谨慎，不想参与裁决政事，事情无论大小，全都遵照冯太后的意见办理。冯太后富于智谋，残暴无情，能够裁定重大事情，对臣下是生是杀，是赏是罚，她都能立即作出决断，许多事都不经过高祖。因此作威作福，朝廷内外都为之震恐。所以杞道德、王遇、张佑、苻承祖等人从低贱的宦官中得到提拔，一年中便得以封为王或公；王睿由于受到宠爱，几年后便当上宰相，赏赐给他的财物达千万亿钱，并赐以金书铁券，许诺即使他犯死罪也不杀他。李冲虽因为才干而受到重用，也由于他和冯太后有两性关系而得到宠爱，暗中赏赐财物给他，不知其数。冯太后生性严明，即使对她宠信的人，也不加放纵。身边亲近的人有些小过失，她动不动就加以鞭笞，多者打一百多下，少者也要打几十下。但她生性对人不怀恨在心，不久又像先前一样宠信他们，有的还因此更加富贵。所以每个人都贪图利益，即使会死也不想退却。

冯太后曾经和高祖一道到灵泉池，宴聚群臣及各国使节，各地部落首领，让他们分别跳自己的地方舞蹈。高祖带领群臣向冯太后劝酒，冯太后欢快地唱起歌来，高祖也跟着她另和一歌，于是命令群臣分别说说自己的想法，因此随冯太后、孝文帝一起和歌的约有九十人。

冯太后对朝廷官员中为百姓所推崇的元丕、游明根人等以礼相待，赏赐黄金丝帛及车马给他们，每当要褒奖王睿等人时，都对元丕等人一起褒奖，以此表明自己没有私心。又自以为做过一些不正当的事，怕别人评论自己的是非，对某人稍有猜疑，便将他杀掉。直到冯太后逝世，高祖都不知道自己母亲是谁。至于像李䜣、李惠等人，因被冯太后猜忌而全家遇祸的有十多家，几百人被杀，大都是枉杀滥杀，全国的百姓都为他们感到冤枉。

太和十四年，冯太后在太和殿逝世，当时她四十九岁。她逝世那天，一些雄野鸡群飞到太华殿上。高祖五天内连水都不喝一杯，哀伤思念超过了礼制规定。谥冯太后为文明太皇太后。将她安葬在永固陵，到正午才返回宫中，在鉴玄殿举行葬毕祭奠活动。高祖下令说："如果遵从文明太皇太后的遗愿，丧事从俭，不能表达我无尽的悲痛；如果按照我的心情根据礼制从事，又有损于太后教导我们节俭的美德。我反复思索，心中加倍地感到哀痛。而且陵墓制度，文明太后已有规定：'里边墓室一丈宽大，外面土堆能把墓穴盖住就行，假如这不能表达孝子的心情，墓室可建两丈宽大，坟堆方圆不得超过三十多步。'现在我因为文明太后的陵墓是子孙万代瞻仰的地方，再扩大到方圆六十步。这违背了太后的遗愿，更使我悲痛欲绝。至于墓室大小，棺材简易，不用陪葬器物，以及白色帷帐，无花纹丝织品制成的垫褥、瓷瓦等保护灵柩的物品，也都不设置。这是为了遵从文明太后的遗愿，按照金册遗令作的。但有的遵从，有的与遗令相违背，不明白的人有可能因此感到奇怪。棺柩里边，墓室以内，是文明太后神灵安息的地方，因此完全遵奉她的遗令，以昭示她俭朴的德行。其他墓室以外的设施，有些没有遵照她的遗令，以此表达我哀痛思念的心情。此下令布告全国各地百姓，明白地告诉各位官员，以显示文明太后教导我们节俭的美德，表明我违反她遗愿的错误。”葬后百日举行卒哭仪式后，孝文帝穿未经整治的麻布孝服，近臣穿经过整治的麻布孝服，三公以下的朝廷官员先穿麻布孝服的，改穿白色丝绸制的孝服，七品以下的官员全部除掉孝服，穿平常的衣服。在太和殿将文明太后的神位与祖宗神位放在一起祭奠，公卿以下各级官员才开始处理政务。孝文帝由于哀伤而瘦削不堪，他三年中不喝酒，不吃肉，不过性生活。

先前，高祖对文明太后孝顺，于是在永固陵东北一里多地以外的地方，预先修建自己死后的坟墓，有死后安葬在那里以便于瞻望文明太后的想法。后来迁都于洛阳，才又亲自在缠河西边规划出修建陵墓的地方，而方山虚置的坟墓到现在还存在，被称为“万年堂”。

文成元皇后李氏传

——《魏书》卷一三

【原文】

文成元皇后李氏，梁国蒙县人，顿丘王峻之妹也。后之生也，有异于常，父方叔恒言此女当大贵。及长，姿质美丽。世祖南征，永昌王仁出寿春，军至后宅，因得后。及仁镇长安，遇事诛，后与其家人送平城宫。高宗登白楼望见，美之，谓左右曰："此妇人佳乎？"左右咸曰："然"。乃下台，后得幸于斋库中，遂有娠。常太后后问后，后云："为帝所幸，乃有娠。"时守库者亦私书壁记之，别加验问，皆相符同。及生显祖，拜贵人。太安二年，太后令依故事，令后具条记在南兄弟及引所结宗兄洪之，悉以付托。临诀，每一称兄弟，辄拊胸恸泣，遂薨。后谥曰元皇后，葬金陵，配飨太庙。

【译文】

文成帝拓跋睿元皇后李氏，梁国蒙县人，是顿丘王李峻的妹妹。李皇后诞生的时候，和其他孩子出生时不一样，她的父亲李方叔一直说这个女儿将极尊贵。长大成人后，仪容美丽。世祖拓跋焘率军进攻江南宋朝，永昌王拓跋仁率军向寿春出发，大军到达李皇后家，因此俘获了她。后来拓跋仁镇守长安，犯罪被杀，李皇后及她一家人被送进平城宫中为奴婢。高宗文成帝登上白楼远远地看见了她，认为她很美丽，对身边的人说："这个妇女漂不漂亮？"身边的人都说："漂亮。"高宗于是走下白楼，李皇后在斋库中与高宗同居了一次，因此怀孕。常太后询问李皇后怀孕的缘故，李皇后说："被皇帝爱过一次，后来便怀上了孩子。"当时看守斋库的官吏也私下在墙壁上写下文字记下了此事，分别加以查问，说法都一样。后来生下显祖拓跋弘,李皇后被册封为贵人。太安二年,常太后命令按照立太子则杀太子母亲的惯例,让李皇后详细逐条记下住在南方家中的兄弟姓名,并招来李皇后结拜为同宗兄长的李洪之,把后事托付给他。临到诀别时,李皇后每叫一声兄弟,便抚胸痛哭,于是去世。后来谥为元皇后,安葬于金陵,配祭于太庙。

孝文幽皇后冯氏传

——《魏书》卷一三

【原文】

孝文幽皇后，亦冯熙女。母曰常氏，本微贱，得幸于熙，熙元妃公主薨后，遂主家事。生后与北平公夙。文明太皇太后欲家世贵宠，乃简熙二女俱入掖庭，时年十四。其一早卒。后有姿媚，偏见爱幸。未几疾病，文明太后乃遣还家为尼，高祖犹留念焉。岁余而太后崩。高祖服终，颇存访之，又闻后素疹痊除，遣阉官双三念玺书劳问，遂迎赴洛阳。及至，宠爱过初，专寝当夕，宫人稀复进见。拜为左昭仪，后立为皇后。

始以疾归，颇有失德之闻，高祖频岁南征，后遂与中官高菩萨私乱。及高祖在汝南不豫，后便公然丑恣，中常侍双蒙等为其心腹。中常侍剧鹏谏而不从，愤惧致死。是时，彭城公主，宋王刘昶子妇也，年少嫠居。北平公冯夙，后之同母弟也，后求婚于高祖，高祖许之。公主志不愿，后欲强之。婚有日矣，公主密与侍婢及家僮十余人，乘轻车，冒霖雨，赴悬瓠奉谒高祖，自陈本意，因言后与菩萨乱状。高祖闻而骇愕，未之全信而秘匿之，惟彭城王侍疾左右，具知其事。

此后，后渐忧惧，与母常氏求托女巫，祷厌无所不至，愿高祖疾不起，一旦得如文明太后辅少主称命者，赏报不赀。又取三牲宫中妖祠，假言祈福，多为左道。母常或自诣宫中，或遣侍婢与相报答。高祖自豫州北幸邺，后虑还见治检，弥怀危怖，聚令阉人托参起居，皆赐之衣裳，殷勤托寄，勿使漏泄。亦令双蒙充行，省其信不。然惟小黄门苏兴寿密陈委曲，高祖问其本末，敕以勿泄。至洛，执问菩萨、双蒙等六人，迭相证举，具得情状。

高祖以疾卧含温室，夜引后，并列菩萨等于户外。后临入，令阉人搜衣中，稍有寸刃便斩。后顿首泣谢，乃赐坐东楹，去御筵二丈余。高祖令菩萨等陈状，又让后曰："汝母有妖术，可具言之。"后乞屏左右，有所密启。高祖敕中侍悉出，唯令长秋卿白整在侧，取卫直刀柱之，后犹不言。高祖乃以绵坚塞整耳，自小语呼整再三，无所应，乃令后言。事隐，人莫知之。高祖乃唤彭城、北海二王令入坐，言："昔是汝嫂，今乃他人，但入勿避。"二王固辞，不获命。及入，高祖云："此老妪乃欲白刃插我肋上，可究问本末，勿有所难。"高祖深自引过，致愧二王。又云："冯家女不能复相废逐，且使在宫中空坐，有心乃能自死，汝等勿谓吾犹有情也。"高祖素至孝，犹以文明太后故，未便行废。良久，二王出，乃赐后辞死诀。再拜稽首，涕泣歔欷。令入东房。及入宫后，帝命阉人有所问于后，后骂曰："天子妇，亲面对，岂令汝传也！"高祖怒，敕后母常入，与后杖，常挞之百余乃止。高祖寻南伐，后留京师，虽以罪失宠，而夫人嫔妾奉之如法，惟令世宗在东宫，无朝谒之事。

高祖疾甚，谓彭城王勰曰："后宫久乖阴德，自绝于天，若不早为之所，恐成汉末故事。吾死之后，可赐自尽别宫，葬以后礼，庶掩冯门之大过。"高祖崩，梓宫达鲁阳，乃行遗诏。北海王详奉宣遗旨，长秋卿白整等入授后药，后走呼不肯引决，曰："官岂有此也，是诸王辈杀我耳！"整等执持，强之，乃含椒而尽。殡以后礼。梓宫次洛南，咸阳王禧等知审死，相视曰："若无遗诏，我兄弟亦当作计去之，岂可令失行妇人宰制天下，杀我辈也。"谥曰幽皇后，葬长陵茔内。

【译文】

孝文帝幽皇后，也是冯熙的女儿。她的母亲常氏，本来身份很低贱，后来受到冯熙的宠爱，冯熙的原配妻子恭宗拓跋晃博陵长公主去世后，常氏便掌管家中的事。生下幽皇后和北平公冯夙。文明太皇太后希望冯家代代都显贵受宠，于是在哥哥冯熙的女儿中选了两人，一起给孝文帝作嫔妃，当时她十四岁。其中一人很早就死了。幽皇后有姿色,很迷人,特别受到孝文帝的宠幸。不久得了重病,文明太后便让她回家当尼姑,孝文帝仍怀恋她。过了一年多后,文明太后逝世。孝文帝服孝完了后,很想念她,打听她的情况,又听说幽皇后长期所患皮疹已彻底痊愈,便派宦官双三念带着自己的信去慰问她,于是将她迎接到洛阳。幽皇后到达后,孝文帝比先前更宠爱她,每晚和她住在一起,其他嫔妃很少再和孝文帝一起生活。将她封为左昭仪,后来又将她立为皇后。

当初幽皇后因病回家后,人们传说她个人生活作风很不检点,孝文帝常年率军攻打齐朝,幽皇后于是同内朝官员高菩萨私通。当孝文帝在汝南生病以后,幽皇后公然任意和高菩萨淫乱,中常侍双蒙等人充当她的心腹。中常侍剧鹏劝阻,可是幽皇后不听从,剧鹏愤恨恐惧而死。这时,彭城公主原是宋王刘昶的媳妇,很年轻就守寡在家。北平公冯夙,是幽皇后同一母亲生的弟弟,幽皇后请求孝文帝将彭城公主嫁给冯夙,孝文帝答应了。彭城公主心里不愿意,幽皇后想强迫她。婚期已定,彭城公主暗中和服侍自己的婢女及家奴一共十多个人,乘坐轻便的马车,顶着连绵大雨,奔赴悬瓠城求见孝文帝,告诉孝文帝自己的心愿,并趁机说了幽皇后和高菩萨淫乱的情况。孝文帝听说后,惊吓得了不得,但不完全相信彭城公主的话,把消息掩盖起来,只有彭城王元勰在孝文帝身边服侍他的病,详细知道了这件事。

这以后,幽皇后逐渐担心害怕,同母亲常氏求请女巫,祷告诅咒,什么事都干了出来,希望孝文帝一病不起,有朝一日自己能像文明太后那样辅佐小皇帝行使权力时,将给她们以数不清的财物报答她们。又用牛、羊、猪等三种牲畜在宫中祭祀杂神,假称为了祈求福庆,却专门搞歪门邪道。她的母亲常氏或自己亲自到宫中,或者派婢女和幽皇后互通消息。孝文帝从豫州向北到达邺城,幽皇后担心孝文帝回到洛阳后将察问处理自己的事,心中更加恐惧,屡次命令宦官到邺城,请求他们查实孝文帝的身体状况,赏赐衣服给他们,恳切地委任他们,让他们不要暴露秘密。还让双蒙也到邺城去,以检查那些宦官是不是值得信任。但只有小黄门苏兴寿暗中将事情的原委向孝文帝讲了,孝文帝向他询问事情的经过,命令他不要泄露。孝文帝到洛阳后,抓来高菩萨、双蒙等六人加以审问,他们轮流提供证词,于是将情况完全弄清楚了。

孝文帝因病躺在含温室中,于晚上召见幽皇后,并将高菩萨等人安置在门外。幽皇后将进入含温室时,孝文帝命令宦官搜查她的衣服,如身上藏有一把小刀就立即杀了她。幽皇后叩头哭泣着认错,孝文帝便让她在柱子东边坐下,离孝文帝的案桌两丈多远。孝文帝命令高菩萨等人讲述事情的经过,并指责幽皇后说:"你母亲有妖术,都讲出来听听吧。"幽皇后乞求孝文帝让身边的人离开,她有秘密的话要说。孝文帝让服侍的宦官全部出去,只留长秋卿白整在旁边,拿着宿卫的刀抵住幽皇后,幽皇后还是不肯说。孝文帝于是用棉团将白整的双耳紧紧塞住,自己小声叫了白整两三遍,白整都没有反应,于是让幽皇说。事情很隐秘,没有谁知道说了些什么话。孝文帝便将彭城王元勰、北海王元详两人叫来,让他们到含温室中坐下,说:"她以前是你们的嫂子,现在只不过是个旁人,你们只管进来,不要回避。"彭城、北海二王坚决推辞,没有得到孝文帝的许可。当他们进来后,孝文帝说:"这老婆子竟然想用白刃子插在我的肋上!你们应将事情原原本本追问清楚,不要有什么为难。"孝文帝深深地责怪自己,向二王表明自己负疚的心情。又说:"不能再将冯家的女儿废掉逐出宫去,暂时让她在宫中闲待着,她如还有良知会自个儿去死,你们不要以为我对她还有感情。"孝文帝平常极其孝顺,仍因文明太后的缘故,未能立即把幽皇后废掉。过了很久,二王离开含温室,孝文帝便向幽皇发誓至死不再见她,向她拜了两拜以示礼敬,哭泣哽咽。命令幽皇后到含温室东屋中。幽皇后回到皇后宫中后,孝文帝命令宦官去向她询问一些事,幽皇后骂宦官说:"我是天子的老婆,应当面给他说,怎能让你传话!"孝文帝发怒,令幽皇后的母亲常氏入宫,让她用棍子责打幽皇后,常氏打了她一百多棍才停手。孝文帝不久率军南征,幽皇后留在京城,虽然她因有罪不再受孝文帝宠爱,但后宫嫔妃仍按奉侍皇后的规矩侍奉她,只是命令世宗宣武帝元恪住在自己的太子宫中,不要朝觐皇后。

孝文帝病重,对彭城王元勰说:“皇后很久前就违犯了皇后的品德,自己断绝了上天赐予的福分。如果不趁早对她作出安排,恐怕会出现汉末女主执政,外戚专权那样的事。我去世以后,你们让她在其他宫殿中自杀,按皇后的礼仪安葬她,希望能遮掩冯家的严重罪责。”孝文帝逝世后,灵柩运送到鲁阳城,才执行他的遗令。北海王元详捧读孝文帝遗令,长秋卿白整等人进宫将毒药给幽皇后,幽皇后边跑边叫,不肯自行了断,说:“皇上怎会发此诏令,这是亲王想杀我罢了!”白整等人将她挟持住,强迫她,于是服下毒药便死了。按皇后的礼仪加以殡敛。孝文帝的灵柩送到洛阳南边时,咸阳王元禧等人才知道幽皇后确实已死,他们互相对望着说:“如果没有遗令,我们兄弟也应当商量一条计策将她杀掉,怎能让一个品行不端正的女人主宰天下,来杀我们呢。”谥为幽皇后,安葬在长陵坟区内。

宣武灵皇后胡氏传

——《魏书》卷一三

【原文】

宣武灵皇后胡氏，安定临泾人，司徒国珍女也。母皇甫氏，产后之日，赤光四照。京兆山北县有赵胡者，善于卜相，国珍问之。胡云："贤女有大贵之表，方为天地母，生天地主。勿过三人知也。"后姑为尼，颇能讲道，世宗初，入讲禁中。积数岁，讽左右称后姿行，世宗闻之，乃召入掖庭为承华世妇。而椒掖之中，以国旧制，相与祈祝，皆愿生诸王、公主，不愿生太子。唯后每谓夫人等言："天子岂可独无儿子，何缘畏一身之死而令皇家不育冢嫡乎？"及肃宗在孕，同列犹以故事相恐，劝为诸计。后固意确然，幽夜独誓云："但使所怀是男，次第当长子，子生身死，所不辞也。"既诞肃宗，进为充华嫔。先是，世宗频丧皇子，自以春秋长矣，深加慎护。为择乳保，皆取良家宜子者。养于别宫，皇后及充华嫔皆莫得而抚视焉。

及肃宗践阼，尊后为皇太妃，后尊为皇太后。临朝听政，犹称殿下，下令行事。后改令称诏，群臣上书曰陛下，自称曰朕。太后以肃宗冲幼，未堪亲祭，欲傍《周礼》夫人与君交献之义，代行祭礼，访寻故式。门下召礼官、博士议，以为不可。而太后欲以帏幔自鄣，观三公行事，重问侍中崔光。光便据汉和熹邓后荐祭故事，太后大悦，遂摄行初祀。

太后性聪悟，多才艺，姑既为尼，幼相依托，略得佛经大义。亲览万机，手笔断决。幸西林园法流堂，命侍臣射，不能者罚之。又自射针孔，中之，大悦，赐左右布帛有差。先是，太后敕造申讼车，时御焉，出自云龙大司马门，从宫西北，入自千秋门，以纳冤讼。又亲策孝秀、州郡计吏于朝堂。

太后与肃宗幸华林园，宴群臣于都亭曲水，令王公已下各赋七言诗。太后诗曰："化光造物含气贞。"帝诗曰："恭己无为赖慈英。"王公已下赐帛有差。

太后父薨，百僚表请公除，太后不许，寻幸永宁寺，亲建刹于九级之基，僧尼士女赴者数万人。及改葬文昭高后，太后不欲令肃宗主事，乃自为丧主，出于终宁陵，亲奠遣事，还哭于太极殿，至于讫事，皆自主焉。

后幸嵩高山，夫人、九嫔、公主下从者数百人，升于顶中。废诸淫祀，而胡天神不在其列。后幸左藏，王公、嫔、主以下从者百余人，皆令任力负布绢，即以赐之，多者过二百匹，少者百余匹。唯长乐公主手持绢二十匹而出，示不异众而无劳也。世称其廉。仪同、陈留公李崇，章武王融并以所负过多，颠仆于地，崇乃伤腰，融至损脚。时人为之语曰："陈留、章武，伤腰折股。贪人败类，秽我明主。"寻幸阙口温水，登鸡头山，自射象牙簪，一发中之，敕示文武。

时太后得志，逼幸清河王怿，淫乱肆情，为天下所恶。领军元叉、长秋刘腾等奉肃宗于显阳殿，幽太后于北宫，于禁中杀怿。其后太后从子都统僧敬与备身左右张车渠等数十人，谋杀叉，复奉太后临朝，事不克，僧敬坐徙边，车渠等死，胡氏多免黜。后肃宗朝太后于西林园，宴文武侍臣，饮至日夕。叉乃起至太后前，自陈外云太后欲害己及腾。太后答云："无此语"。遂至于极昏。太后乃起执肃宗手下堂，言："母子不聚久，今暮共一宿，诸大臣送我入。"太后与肃宗向东北小阁，左卫将军奚康生谋欲杀叉，不果。

自刘腾死，叉又宽怠。太后与肃宗及高阳王雍为计，解叉领军。太后复临朝，大赦改元。自是朝政疏缓，威恩不立，天下牧守，所在贪惏。郑俨汙乱宫掖，势倾海内；李神轨，徐纥并见亲待。一二年中，位总禁要，手握王爵，轻重在心，宣淫于朝，为四方之所厌秽。文武解体，所在乱逆，土崩鱼烂，由于此矣。僧敬又因聚集亲族，遂涕泣谏曰："陛下母仪海内，岂宜轻脱如此！"后大怒，自是不召僧敬。

太后自以行不修，惧宗室所嫌，于是内为朋党，防蔽耳目，肃宗所亲幸者，太后多以事害焉。有密多道人，能胡语，肃宗置于左右。太后虑其传致消息，三月三日于城南大巷中杀之。方悬赏募贼，又于禁中杀领左右、鸿胪少卿谷会、绍达，并帝所亲也。母子之间，嫌隙屡起。郑俨虑祸，乃与太后计，因潘充华生女，太后诈以为男，便大赦改年。肃宗之崩，事出仓卒，时论咸言郑俨、徐纥之计。于是朝野愤叹。太后乃奉潘嫔女言太子即位。经数日，见人心已安，始言潘嫔本实生女，今宜更择嗣君。遂立临洮王子钊为主，年始三岁，天下愕然。

及武泰元年，尔朱荣称兵渡河，太后尽召肃宗六宫皆令入道，太后亦自落发。荣遣骑拘送太后及幼主于河阴。太后对荣多所陈说，荣拂衣而起。太后及幼主并沉于河。太后妹冯翊君收瘗于双灵佛寺。出帝时，始葬以后礼而追加谥。

【译文】

宣武帝灵皇后胡氏，安定郡临泾县人，是司徒胡国珍的女儿。她的母亲是皇甫氏，生胡后那天，红色的光辉照遍四方。京兆山北县有个名叫赵胡的人，善于相面，胡国珍向他询问女儿的前程。赵胡说："贤女有大贵之相，将为天地母，生天地主。不要让三个以上的人知道这事啊。"胡后的姑姑是个尼姑，很善于讲述佛经，世宗宣武帝当皇帝之初，到宫中讲佛经。过了几年后，婉言劝说身边的人称赞冯后的姿色和品行，世宗听说后，于是把胡后召进后宫，封他为承华世妇。当时后宫中因为国家有将太子母亲处死的旧制，相互间祈祷，都愿意生亲王、公主，不愿意生下个太子。只有冯后对拜为夫人的嫔妃们说："天子岂能没有儿子，为什么因自己一个人怕死却让皇帝没有太子呢？"后来她怀上肃宗时，与她同身份的妃嫔还因国家惯例而为她害怕，劝她早点想个办法。胡后态度坚决，毫不动摇。在黑夜中她独自发誓说："只要我怀的是个男孩，在他的兄弟中排行老大，儿子生下来我自己就是死了，也在所不辞。"她生下肃宗元诩后，晋封为充华嫔。在此以前，世宗的儿子屡次夭折，自以年纪已经很大了，于是对肃宗格外地小心爱护。给肃宗找乳母及保姆，都取平民百姓中生育能力强的妇女。在别的宫殿中抚养，皇后及充华嫔本人都不能抱一抱、看一眼。

肃宗登上皇帝位后，尊胡后为皇太妃，后来又尊她为皇太后，亲临朝堂处理政事，仍以殿下的名义，下令颁布政令。后改令为“诏”，群臣上表章给她时称她为“陛下”，她自称为“朕”。胡太后因肃宗幼小，不能亲自主持祭祀活动，想仿效《周礼》中关于夫人与君主一起从事祭祀的礼仪，代肃宗主持祭礼，询问古代成例。门下省召集主管礼仪的官员、博士们进行商议，大家认为不能这样做。但胡太后想用帏帐把自己遮着，观看朝廷三公的祭祀活动，再以此询问侍中崔光的意见。崔光便根据东汉和熹邓后主持祭祀上帝活动的旧制表示胡太后可以照此行事，胡太后大为高兴，于是代肃宗主持祭祀。

胡太后生性聪明颖悟，多才多艺，她的姑姑又是尼姑，胡太后小时候跟随她，粗略地知道佛经的主要意思。她管理国家大政后，亲自用笔对各项政务作出裁决。曾到西林园法流堂，命令侍从们射箭，如射不中便加以处罚。胡太后自己又射针孔，一下子就射中了，她很是高兴，赏赐布帛给身边的人，多少不等。在此以前，胡太后下令制造申讼车，时时乘坐此车，从宫城西北的云龙大司马门出宫，从千秋门返回宫中，以便接受百姓申诉冤枉的呈辞。又亲自在朝堂上对孝廉、秀才及各州郡派到朝廷的计吏进行考核。

胡太后和肃宗一起到华林园，在都亭曲水旁宴聚群臣，让王公以下各位官员分别作七言诗。胡太后的诗中说：“化光造物含气贞。”肃宗所作的诗中说：“恭已无为赖慈英。”赏赐王公以下各位官员丝帛，多少不等。

胡太后的父亲去世，百官上表文请求她因公事脱下孝服，胡太后不答应。不久到永宁寺，亲自指挥在九层高的台基上修建佛塔，僧侣尼姑及百姓男女来参与建造的有几万人。后改葬孝文帝皇后文昭高后，胡太后不愿让肃宗主管大事，便自己充当丧事的主持人，出宫到终宁陵，亲自为文昭高后的新墓奠基，回宫后在太极殿进行哭悼，一直到丧事完毕，都由她主持。

后来胡太后到嵩山游览，夫人、九嫔、公主以下妇女随从的有几百人，并登上嵩山顶。下诏废除对各种杂神的祭祀，但胡天神不在废除之列。后来胡太后到左藏曹，王公、嫔妃、公主以下人员同去的有一百多人，胡太后让他们全力拿布匹丝绢，并将各人所能拿起的赏赐给他们，拿得多的超过两百匹，拿得少的有一百多匹。只有长乐公主用手抱了二十匹绢布出来，表明自己不标新立异，但无功劳只该得那么多。当时的人都称她廉洁。仪同、陈留公李崇及章武王元融都因为背得太多，翻倒在地，李崇竟伤了腰，元融以至于把脚弄折了。当时人为他们编了一段顺口溜说："陈留、章武，伤腰折股。贪人败类，秽我明主。"胡太后不久到阙口温水游览，登鸡头山，自己射象牙簪，一箭射中，下令拿给文武百官看。

当时胡太后随心所欲，威胁清河王元怿同她发生性关系，任意淫乱，被全国的百姓痛恨。领军元叉、长秋卿刘腾等人在显阳殿推奉肃宗，将胡太后囚禁在北宫，并在宫省中将元怿杀了。随后胡太后的侄儿都统胡僧敬和备身左右张车渠等几十个人，密谋杀死元叉，再推举胡太后掌管朝政，事情没有成功，胡僧敬因此获罪，被流放到边地，张车渠等人被杀，胡家当官的人许多受到免官降职的处分。后来肃宗到西林园拜见胡太后，宴聚文武百官及侍从，一直喝到日落时分。元叉于是起身走到胡太后面前，自己向她讲外面有人说胡太后想杀害他与刘腾。胡太后回答说："没有这种话。"于是大家又喝到天完全黑了下来。胡太后于是起身抓着肃宗的手走下殿堂，说："我们母子俩有很久没聚到一块了，现在天晚了，我们一起待一晚上，各位大臣送我进去。"胡太后和肃宗走向殿堂东北的小房子，左卫将军奚康生想就此杀了元叉，没有成功。

自从刘腾死后，元叉又疏忽大意。胡太后同肃宗及高阳王元雍定下计策，解除元叉领军将军的职务。胡太后再次到朝堂处理大政，对全国进行大赦，改换年号。从此以后朝廷政事宽弛，既无威信，也不能施加恩德，全国各地的刺史太守等地方官吏，都贪婪残暴。郑俨与太后淫乱，权势倾动全国；

李神轨、徐纥都受到胡太后的宠信，一两年间，当上主管朝廷机密大政的要职。他们掌握着帝王的权柄，随心所欲地处理政事，公开在朝廷胡作非为，受到全国百姓的憎恨。文武百官离心离德，到处发生叛乱，国家土崩瓦解，像一条烹烂了的鱼，都是因为这一原因啊。胡僧敬又趁胡太后召聚亲属，哭泣着向胡太后进谏说："陛下为天下之母，是百姓的榜样，怎能如此轻佻呢?"胡太后大怒，从此以后再也不召见胡僧敬。

胡太后因为自己行为不检点，害怕受到皇室人物的嫌弃，因此在朝廷内勾结同党，以掩盖别人的耳目，受到肃宗亲信的人，胡太后大都借机将他们杀害。有个叫密多的和尚，能够讲胡人的话，肃宗将他留在自己身边。胡太后担心他给肃宗传递消息，于三月三日在洛阳城南部的一条大巷中将他杀死。正在悬赏缉拿杀死密多的强盗时，胡太后又在宫省中将领左右、鸿胪少卿谷会、绍达杀死，他们都是肃宗孝明帝亲信的人。胡太后与肃宗母子之间，经常发生摩擦。郑俨担心大难临头，于是和胡太后商定计策，利用肃宗潘充华生下一个女儿的时机，胡太后谎称生的是个儿子，于是在全国进行大赦，改年号"孝昌"为"武泰"。肃宗逝世，事情突然发生，当时人们谈说起来都说是郑俨、徐纥的阴谋诡计。因此朝廷官员和民间百姓都怀愤叹息。胡太后于是推举潘充华生的那个女婴，称为太子，继承帝位。过了几天，见人心已经平息下来，才又称潘充华本来生的是个女孩，现在应该再选择继承帝位的人。于是将临洮王的儿子元钊立为皇帝，当时元钊只有三岁，全国的人都为此惊愕不已。

到武泰元年，尔朱荣举兵渡过黄河，胡太后把肃宗的嫔妃们全都找来，命令她们都去当尼姑，胡太后本人自己也削发为尼。尔朱荣派骑兵将太后及小皇帝抓获，送到河阴。胡太后对尔朱荣说了许多话，尔朱荣甩袖而起。胡太后和小皇帝都被投进黄河淹死。胡太后的妹妹冯翊君将她的尸体收来，掩埋在双灵佛寺中。出帝元修在位时，才按皇后的礼仪加以改葬，并追谥她为"灵"。

高允传

——《魏书》卷四八

【原文】

高允，字伯恭，勃海人也。祖泰，在叔父湖《传》。父韬，少以英朗知名，同郡封懿雅相敬慕。为慕容垂太尉从事中郎。太祖平中山，以韬为丞相参军。早卒。

允少孤夙成，有奇度，清河崔玄伯见而异之，叹曰："高子黄中内润，文明外照，必为一代伟器，但恐吾不见耳。"年十余，奉祖父丧还本郡，推财与二弟而为沙门，名法净。未久而罢。性好文学，担笈负书，千里就业。博通经史天文术数，尤好《春秋公羊》。郡召功曹。

神䴥三年，世祖舅阳平王杜超行征南大将军，镇邺，以允为从事中郎，年四十余矣。超以方春而诸州囚多不决，乃表允与中郎吕熙等分诣诸州，共评狱事。熙等皆以贪秽得罪，唯允以清平获赏。府解，还家教授，受业者千余人。四年，与卢玄等俱被征，拜中书博士。迁侍郎，与太原张伟并以本官领卫大将军、乐安王范从事中郎。范，世祖之宠弟，西镇长安，允甚有匡益，秦人称之。寻被征还。允曾作《塞上翁诗》，有混欣戚，遗得丧之致。骠骑大将军，乐平王丕西讨上邽，复以本官参丕军事。语在《丕传》。凉州平，以参谋之勋，赐爵汶阳子，加建武将军。

后诏允与司徒崔浩述成《国记》，以本官领著作郎。时浩集诸术士，考校汉元以来，日月薄蚀、五星行度，并识前史之失，别为魏历，以示允。允曰："天文历数不可空论。夫善言远者必先验于近。且汉元年冬十月，五星聚于东井，此因历术之浅。今讥汉史，而不觉此谬，恐后人讥今犹今之讥古。"浩曰："所谬云何？"允曰："案《星传》，金水二星常附日而行。冬十月，日在尾箕，昏没于申南，而东井方出于寅北。二星何因背日而行？是史官欲神其事，不复推之于理。”浩曰：“欲为变者何所不可，君独不疑三星之聚，而怪二星之来？”允曰：“此不可以空言争，宜更审之。”时坐者咸怪，唯东宫少傅游雅曰：“高君长于历数，当不虚也。”后岁余，浩谓允曰：“先所论者，本不注心，及更考究，果如君语，以前三月聚于东井，非十月也。”又谓雅曰：“高允之术，阳元之射也。”众乃叹服。允虽明于历数，初不推步，有所论说。唯游雅数以灾异问允。允曰：“昔人有言，知之甚难，即知复恐漏泄，不如不知也。天下妙理至多，何遽问此。”雅乃止。

寻以本官为秦王翰傅。后敕以经授恭宗，甚见礼待。又诏允与侍郎公孙质、李虚、胡方回共定律令。世祖引允与论刑政，言甚称旨。因问允曰：“万机之务，何者为先？”是时多禁封良田，又京师游食者众。允因言曰：“臣少也贱，所知唯田，请言农事。古人云：方一里则为田三顷七十亩，百里则田三万七千顷。若勤之，则亩益三斗，不勤则亩损三斗。方百里损益之率，为粟二百二十二万斛，况以天下之广乎？若公私有储，虽遇饥年，复何忧哉？”世祖善之。遂除田禁，悉以授民。

初，崔浩荐冀、定、相、幽、并五州之士数十人，各起家郡守。恭宗谓浩曰：“先召之人，亦州郡选也，在职已久，勤劳未答。今可先补前召外任郡县，以新召者代为郎吏。又守令宰民，宜使更事者。”浩固争而遣之。允闻之，谓东宫博士管恬曰：“崔公其不免乎！苟逞其非，而校胜于上，何以胜济。”

辽东公翟黑子有宠于世祖。奉使并州，受布千匹，事寻发觉。黑子请计于允曰：“主上问我，为首为讳乎？”允曰：“公帷幄宠臣，答诏宜实。又自告忠诚，罪必无虑。”中书侍郎崔览、公孙质等咸言首实罪不可测，宜讳之。黑子以览等为亲己，而反怒允曰：“如君言，诱我死，何其不直！”遂与允绝。黑子以不实对，竟为世祖所疏，终获罪戮。

是时，著作令史闵湛、郄摽性巧佞，为浩信待。见浩所注《诗》《论语》《尚书》《易》，遂上疏，言马、郑、王、贾虽注述《六经》，并多疏谬，不如浩之精微。

乞收境内诸书,藏之秘府。班浩所注,命天下习业。并求敕浩注《礼传》,令后生得观正义。浩亦表荐湛有著述之才。既而劝浩刊所撰国史于石,永垂不朽,欲以彰浩直笔之迹。允闻之,谓著作郎宗钦曰:"闵湛所营,分寸之间,恐为崔门万世之祸。吾徒无类矣。"未几而难作。

初,浩之被收也,允直中书省。恭宗使东宫侍郎吴延召允,仍留宿宫内。翌日,恭宗入奏世祖,命允骖乘。至宫门,谓曰:"入当见至尊,吾自导卿。设衅至尊有问,但依吾语。"允请曰:"为何等事也?"恭宗曰:"入自知之。"即入见帝。恭宗曰:"中书侍郎高允自在臣宫,同处累年,小心密慎,臣所委悉。虽与浩同事,然允微贱,制由于浩。请赦其命。"世祖召允,谓曰:"《国书》皆崔浩作不?"允对曰:"《太祖记》,前著作郎邓渊所撰。《先帝记》及《今记》,臣与浩同作。然浩综务处多,总裁而已。至于注疏,臣多于浩。"世祖大怒曰:"此甚于浩,安有生路!"恭宗曰:"天威严重,允是小臣,迷乱失次耳。臣向备向,皆云浩作。"世祖问:"如东宫言不?"允曰:"臣以下才,谬参著作,犯逆灭威,罪应天族,今已分死,不敢虚妄。殿下以臣侍讲日久,哀臣乞命耳。实不问臣,臣无此言。臣以实对,不敢迷乱。"世祖谓恭宗曰:"直哉!此亦人情所难,而能临死不移,不亦难乎!且对君以实,贞臣也。如此言,宁失一有罪,宜宥之。"允竟得免。于是召浩前,使人诘浩。浩惶惑不能对。允事事申明,皆有条理。时世祖怒甚,敕允为诏,自浩已下、僮吏已上百二十八人皆夷五族。允持疑不为,频诏催切。允乞更一见,然后为诏。诏引前,允曰:"浩之所坐,若更有余衅,非臣敢知。直以犯触,罪不至死。"世祖怒,命介士执允。恭宗拜请。世祖曰:"无此人忿朕,当有数千口死矣。"浩竟族灭,余皆身死。宗钦临刑,叹曰:"高允其殆圣乎!"

恭宗后让允曰:"人当知机,不知机,学复何益?当尔之时,吾导卿端绪,何故不从人言,怒帝如此。每一念之,使人心悸。"允曰:"臣东野凡生,本无宦意。属休延之会,应旌弓之举,释褐凤池,仍参麟阁,尸素官荣,妨贤已久。夫史籍者,帝王之实录,将来之炯戒,今之所以观往,后之所以知今。是以言行举动，莫不备载，故人君慎焉。然浩世受殊遇，荣曜当时，辜负圣恩，自贻灰灭。即浩之迹，时有可论。浩以蓬蒿之才，荷栋梁之重，在朝无謇谔之节，退私无委蛇之称，私欲没其公廉，爱憎蔽其直理，此浩之责也。至于书朝廷起居之迹，言国家得失之事，此亦为史之大体，未为多违。然臣与浩实同其事，死生荣辱，义无独殊。诚荷殿下大造之慈，违心苟免，非臣之意。"恭宗动容称叹。允后与人言，我不奉东宫导旨者，恐负翟黑子。

恭宗季年，颇亲近左右，营立田园，以取其利。允谏曰："天地无私，故能覆载；王者无私，故能包养。昔之明王，以至公宰物，故藏金于山，藏珠于渊，示天下以无私，训天下以至俭。故美声盈溢，千载不衰。今殿下国之储贰，四海属心，言行举动，万方所则，而营立私田，畜养鸡犬，乃至贩酤市廛，与民争利，议声流布，不可追掩。夫天下者，殿下之天下，富有四海，何求而不获，何欲而弗从，而与贩夫贩妇竞此尺寸。昔虢之将亡，神乃下降，赐之土田，卒丧其国。汉之灵帝，不修人君之重，好与宫人列肆贩卖，私立府藏，以营小利，卒有颠覆倾乱之祸。前鉴若此，甚可畏惧。夫为人君者，必审于择人。故称知人则哲，惟帝难之。《商书》云'无迩小人'，孔父有云，小人近之则不逊，远之则怨矣。武王爱周、邵、齐、毕，所以王天下。殷纣爱飞廉、恶来，所以丧其国。历观古今存亡之际，莫不由之。念东宫诚曰乏人，俊乂不少。顷来侍御左右者，恐非在朝之选。故愿殿下少察愚言，斥出佞邪，亲近忠良，所在田园，分给贫下，畜产贩卖，以时收散。如此则休声日至，谤议可除。"恭宗不纳。

恭宗之崩也，允久不进见。后世祖召，允升阶歔欷，悲不能止。世祖流泪，命允使出。左右莫知其故，相谓曰："高允无何悲泣，令至尊哀伤，何也？"世祖闻之，召而谓曰："汝不知高允悲乎？"左右曰："臣等见允无言而泣，陛下为之悲伤，是以窃言耳。"世祖曰："崔浩诛时，允亦应死，东宫苦谏，是以得免。今无东宫，允见朕因悲耳。"

允表曰："往年被敕，令臣集天文灾异，使事类相从，约而可观。臣闻箕子陈谟而《洪范》作，宣尼述史而《春秋》著，皆所以章明列辟，景测皇天者也。故先其善恶而验以灾异，随其失得而效以祸福，天人诚远，而报速如响，甚可惧也。自古帝王莫不尊崇其道而稽其法数，以自修饬。厥后史官并载其事，以为鉴诫。汉成帝时，光禄大夫刘向见汉祚将危，权归外戚，屡陈妖眚而不见纳。遂因《洪范》《春秋》灾异报应者而为其传。觊以感悟人主，而终不听察，卒以危亡。岂不哀哉！伏惟陛下神武则天，睿鉴自远，钦若稽古，率由旧章，前言往行，靡不究鉴，前皇所不逮也。臣学不洽闻，识见寡薄，惧无以裨广圣听，仰酬明旨。今谨依《洪范传》《天文志》撮其事要，略其文辞，凡为八篇。"世祖览而善之，曰："高允之明灾异，亦岂减崔浩乎？"及高宗即位，允颇有谋焉。司徒陆丽等皆受重赏，允既不蒙褒异，又终身不言。其忠而不伐，皆此类也。

给事中郭善明，性多机巧，欲逞其能，劝高宗大起宫室。允谏曰："臣闻太祖道武皇帝既定天下，始建都邑。其所营立，非因农隙，不有所兴。今建国已久，宫室已备，永安前殿足以朝会万国，西堂温室足以安御圣躬，紫楼临望可以观望远近。若广修壮丽为异观者，宜渐致之，不可仓卒。计斫材运土及诸杂役须二万人，丁夫充作，老小供饷，合四万人，半年可讫。古人有言："一夫不耕，或受其饥；一妇不织，或受其寒。况数万之众，其所损废，亦以多矣。推之于古，验之于今，必然之效也。诚圣主所宜思量。"高宗纳之。

允以高宗纂承平之业，而风俗仍旧，婚娶丧葬，不依古式，允乃谏曰：

"前朝之世，屡发明诏，禁诸婚娶不得作乐，及葬送之日歌谣、鼓舞、杀牲、烧葬，一切禁断。虽条旨久颁，而俗不革变。将由居上者未能悛改，为下者习以成俗，教化陵迟，一至于斯。昔周文以百里之地，修德布政，先于寡妻，及于兄弟，以至家邦，三分天下而有其二。明为政者先自近始。《诗》云：'尔之教矣，民胥效矣。'人君举动，不可不慎。

《礼》云：'嫁女之家，三日不息烛；娶妇之家，三日不举乐。'今诸王纳室，皆乐部给伎以为嬉戏，而独禁细民，不得作乐，此一异也。

古之婚者，皆拣择德义之门，妙选贞闲之女，先之以谋娉，继之以礼物，集僚友以重其别，亲御轮以崇其敬，婚姻之际，如此之难。今诸王十五，便赐妻别居。然所配者，或长少差舛，或罪入掖庭，而作合宗王，妃嫔藩懿。失礼之甚，无复此过。往年及今，频有检劾。诚是诸王过酒致责，迹其元起，亦由色衰相弃，致此纷纭。今皇子娶妻，多出宫掖，令天下小民，必依礼限，此二异也。

万物之生，靡不有死，古先哲王，作为礼制，所以养生送死，折诸人情。若毁生以奉死，则圣人所禁也。然葬者藏也，死者不可再见，故深藏之。昔尧葬谷林，农不易亩；舜葬苍梧，市不改肆。秦始皇作为地市，下固三泉，金玉宝货不可计数，死不旋踵，尸焚墓掘。由此推之，尧舜之俭，始皇之奢，是非可见。今国家营葬，费损巨亿，一旦焚之，以为灰烬。苟靡费有益于亡者，古之臣奚独不然。今上为之不辍，而禁下民之必止，此三异也。

古者祭必立尸，序其昭穆，使亡者有凭，致食飨之礼。今已葬之魂，人直求貌类者事之如父母，燕好如夫妻，损败风化，渎乱情礼，莫此之甚。上未禁之，下不改绝，此四异也。

夫飨者，所以定礼仪，训万国，故圣王重之。至乃爵盈而不饮，肴干而不食，乐非雅声则不奏，物非正色则不列。今之大会，内外相混，酒醉喧诶，罔有仪式。又俳优鄙艺，污辱视听。朝庭积习以为美，而责风俗之清纯，此五异也。

今陛下当百王之末，踵晋乱之弊，而不矫然厘改，以厉颓俗，臣恐天下苍生，永不闻见礼教矣。"

允言如此非一，高宗从容听之。或有触迕，帝所不忍闻者，命左右扶出。事有不便，允辄求见，高宗知允意，逆屏左右以待之。礼敬甚重，晨入暮出，或积日居中，朝臣莫知所论。

或有上事陈得失者，高宗省而谓群臣曰："君父一也，父有是非，子何为不作书于人中谏之，使人知恶，而于家内隐处也。岂不以父亲，恐恶彰于外也。今国家善恶，不能面陈而上表显谏，此岂不彰君之短，明己之美。至如高允者，真忠臣矣。朕有是非，常正言面论，至朕所不乐闻者，皆侃侃言说，无所避就。朕闻其过，而天下不知其谏，岂不忠乎！汝等在左右，曾不闻一正言，但伺朕喜时求官乞职。汝等把弓刀侍朕左右，徒立劳耳，皆至公王。此人把笔匡我国家，不过作郎。汝等不自愧乎？”于是拜允中书令，著作如故。司徒陆丽曰：“高允虽蒙宠待，而家贫布衣，妻子不立。”高宗缊怒曰：“何不先言！今见朕用之，方言其贫。”是日幸允第，惟草屋数间，布被缊袍，厨中盐菜而已。高宗叹息曰：“古人之清贫岂有此乎！”即赐帛五百匹、粟千斛，拜长子忱为绥远将军、长乐太守。允频表固让，高宗不许。初与允同征游雅等多至通官封侯，及允部下吏百数十人亦至刺史二千石，而允为郎二十七年不徙官。时百官无禄，允常使诸子樵采自给。

初，尚书窦瑾坐事诛，瑾子遵亡在山泽，遵母焦没入县官。后焦以老得免，瑾之亲故，莫有恤者。允愍焦年老，保护在家。积六年，遵始蒙赦。其笃行如此。转太常卿，本官如故。允上《代都赋》，因以规讽，亦《二京》之流也。文多不载。时中书博士索敞与侍郎傅默、梁祚论名字贵贱，著议纷纭。允遂著《名字论》以释其惑，甚有典证。复以本官领秘书监，解太常卿，进爵梁城侯，加左将军。

初，允与游雅及太原张伟同业相友，雅尝论允曰：“夫喜怒者，有生所不能无也。而前史载卓公宽中，文饶洪量，褊心者或之弗信。余与高子游处四十年矣，未尝见其是非愠喜之色，不亦信哉。高子内文明而外柔弱，其言呐呐不能出口，余常呼为‘文子’。崔公谓余云：‘高生丰才博学，一代佳士，所乏者矫矫风节耳。’余亦然之。司徒之谴，起于纤微，及于诏责，崔公声嘶股战不能言，宗钦已下伏地流汗，都无人色。高子敷陈事理，申释是非，辞义清辩，音韵高亮。明主为之动容，听者无不称善。仁及僚友，保兹元吉，向之所谓矫矫者，更在斯乎？宗爱之任势也，威振四海。尝召百司于都坐，王公以下，望庭毕拜，高子独升阶长揖。由此观之，汲长儒可卧见卫青，何抗礼之有！向之所谓风节者，得不谓此乎？知人固不易，人亦不易知。吾既失之于心内，崔亦漏之于形外。钟期止听于伯牙，夷吾见明于鲍叔，良有以也。”其为人物所推如此。

高宗重允，常不名之，恒呼为“令公”。“令公”之号，播于四远矣。高宗崩，显祖居谅暗，乙浑专擅朝命，谋危社稷。文明太后诛之，引允禁中，参决大政。又诏允曰：“自顷以来，庠序不建，为日久矣。道肆陵迟，学业遂废，子衿之叹，复见于今。朕既纂统大业，八表晏要，稽之旧典，欲置学官于郡国，使进修之业，有所津寄。卿儒宗元老，朝望旧德，宜与中、秘二省参议以闻。”允表曰：“臣闻经纶大业，必以教养为先；咸秩九畴，亦由文德成务。故辟雍光于周诗，泮宫显于《鲁颂》。自永嘉以来，旧章殄灭。乡闾芜没《雅》《颂》之声，京邑杜绝释奠之礼。道业陵夷，百五十载。仰惟先朝每欲宪章昔典，经阐素风，方事尚殷，弗遑克复。陛下钦明文思，纂成洪烈，万国咸宁，百揆时叙。申祖宗之遗志，兴周礼之绝业，爰发德音，惟新文教。搢绅黎献，莫不幸甚。臣承旨敕，并集二省，披览史籍，备究典纪，靡不敦儒以劝其业，贵学以笃其道。伏思明诏，玄同古义。宜如圣旨，崇建学校以厉风俗。使先王之道，光演于明时；郁郁之音，流闻于四海。请制大郡立博士二人、助教四人、学生一百人，次郡立博士二人、助教二人、学生八十人，中郡主博士一人、助教二人、学生六十人，下郡立博士一人、助教一人、学生四十人。其博士取博关经典、世履忠清、堪为人师者，年限四十以上。助教亦与博士同，年限三十以上。若道业夙成，才任教授，不拘年齿。学生取郡中清望，人行修谨，堪循名教者，先尽高门，次及中第。”显祖从之。郡国立学，自此始也。

后允以老疾，频上表乞骸骨，诏下许。于是乃著《告老诗》。又以昔岁同征，零落将尽，感逝怀人，作《征士颂》，盖止于应命者，其有命而不至，则阙焉。群贤之行，举其梗概矣。今著之于左：

中书侍郎、固安伯范阳卢玄子真

郡功曹史博陵崔绰茂祖

河内太守、下乐侯广宁燕崇玄略

上党太守、高邑侯广宁常陟公山

征南大将军从事中郎勃海高毗子翼

征南大将军从事中郎勃海李钦道赐

河西太守、饶阳子博陵许堪祖根

中书郎、新丰侯京兆杜铨士衡

征西大将军从事中郎京兆韦阆友规

京兆太守赵郡李诜令孙

太常博士、钜鹿公赵郡李灵虎符

中书郎中、即丘子赵郡李遐仲熙

营州刺史、建安公太原张伟仲业

辅国大将军从事中郎范阳祖迈

征东大将军从事中郎范阳祖侃士伦

东郡太守、蒲县子中山刘策

濮阳太守、真定子常山许琛

行司隶校尉、中都侯西河宋宣道茂

中书郎燕郡刘遐彦鉴

中书郎、武恒子河间邢颖宗敬

沧水太守、浮阳侯勃海高济叔民

太平太守、平原子雁门李熙士元

秘书监、梁郡公广平游雅伯度

廷尉正、安平子博陵崔建兴祖

广平太守、列人侯西河宋愔

州主簿长乐潘天符

郡功曹长乐杜熙

征东大将军从事中郎中山张纲

中书郎上谷张诞叔术

秘书郎雁门王道雅

秘书郎雁门闵弼

卫大将军从事中郎中山郎苗

大司马从事中郎上谷侯辩

陈留郡太守、高邑子赵郡吕季才

夫百王之御士也，莫不资伏群才，以隆治道。故周文以多士克宁，汉武以得贤为盛。此载籍之所记，由来之堂义。魏自神𣆶已后，宇内平定，诛赫连积世之僭，扫穷发不羁之寇，南摧江楚，西荡凉域，殊方之外，慕义而至。于是偃兵息甲，修立文学，登延俊造，酬谘政事。梦想贤哲，思遇其人，访诸有司，以求名士。咸称范阳卢玄等四十二人，皆冠冕之胄，著问州邦，有羽仪之用。亲发明诏，以征玄等。乃旷官以待之，悬爵以縻之。其就命三十五人，自余依例州郡所遣者不可称记。尔乃髦士盈朝，而济济之美兴焉。昔与之俱蒙斯举，或从容廊庙，或游集私门，上谈公务，下尽忻娱，以为千载一时，始于此矣。日月推移，吉凶代谢，同征之人，凋歼殆尽。在者数子，然复分张。往昔之忻，变为悲戚。张仲业东临营州，迟其还返，一叙于怀，齐衿于垂殁之年，写情于桑榆之末。其人不幸，复至殒殁。在朝者皆后进之士，居里者非畴昔之人，进涉无寄心之所，出入无解颜之地。顾省形骸，所以永叹而不已。夫颂者美盛德之形容，亦可以长言寄意。不为文二十年矣，然事切于心，岂可默乎？遂为之颂，词曰：

紫气干霄，群雄乱夏，王龚徂征，戎车屡驾。

扫荡游氛，克剪妖霸，四海从风，八垠渐化。

政教无外，既宁且一，偃武櫜兵，唯文是恤。

帝乃旁求，搜贤举逸，岩隐投竿，异人并出。

亹亹卢生，量远思纯，钻道据德，游艺依仁。

旌弓既招，释褐投巾，摄齐升堂，嘉谋日陈。

自东徂南，跃马驰轮，僭冯影附，刘以和亲。

茂祖茕单，夙离不造，克己勉躬，聿隆家道。

敦心《六经》，游思文藻，终辞宠命，以之自保。

燕、常笃信，百行靡遗，位不苟进，任理栖迟。

居冲守约，好让善推，思贤乐古，如渴如饥。

子翼致远，道赐悟深，相期以义，相和若琴。

并参幕府，俱发德音，优游卒岁，聊以寄心。

祖根运会，克光厥猷，仰缘朝恩，府因德友。

功虽后建，禄实先受，班同旧臣，位并群后。

士衡孤立，内省靡疚，言不崇华，交不遗旧。

以产则贫，论道则富，所谓伊人，实邦之秀。

卓矣友规，禀兹淑亮，存彼大方，摈此细让。

神与理冥，形随流浪，虽屈王侯，莫废其尚。

赵实名区，世多奇士，山岳所钟，挺生三李。

矫矫清风，抑抑容止，初九而潜，望云而起。

诜尹西都，灵惟作传，垂训皇宫，载理云雾。

熙虽中夭，迹阶郎署，余尘可挹，终亦显著。

仲业渊长，雅性清到，宪章古式，绸缪典诰。

时值险难，常一其操，纳众以仁，训下以孝。

化被龙川，民归其教，迈则英贤，侃亦称选。

闻达邦家，名行素显，志在兼济，岂伊独善。

绳匠弗顾，功不获展。刘、许履忠，竭力致躬。

出能聘说，入献其功，輶轩一举，挠燕下崇。

名彰魏世，享业亦隆，道茂夙成，弱冠播名。

与朋以信，行物以诚，怡怡昆弟，穆穆家庭。

发响九皋，翰飞紫冥，频在省闼，亦司于京。

刑以之中，政以之平，猗欤彦鉴，思参文雅。
率性任真，器成非假，靡矜于高，莫耻于下。
乃谢朱门，归迹林野，宗敬延誉，号为四俊。
华藻云飞，金声夙振，中遇沈痾，赋诗以讯。
忠显于辞，理出于韵，高沧朗达，默识渊通。
领新悟异，发自心胸，质侔和璧，文炳雕龙。
耀姿天邑，衣锦旧邦，士元先觉，介焉不惑。
振袂来庭，始宾王国，蹈方履正，好是绳墨。
淑人君子，其仪不忒，孔称游夏，汉美渊云。
越哉伯度，出类逾群，司言秘阁，作牧河汾。
移风易俗，理乱解纷，融彼滞义，涣此潜文。
儒道以析，九流以分，崔、宋二贤，诞性英伟。
擢颖闾阎，闻名象魏，謇謇仪形，邈邈风气。
达而不矜，素而能贲，潘符摽尚，杜熙好和。
清不洁流，浑不同波，绝希龙津，止分常科。
幽而逾显，损而逾多，张纲柔谦，叔术正直。
道雅洽闻，弼为兼识，拔萃衡门，俱渐鸿翼。
发愤忘餐，岂要斗食，率礼从仁，罔愆于式。
失不系心，得不形色，郎苗始举，用均已试。
智足周身，言足为治，性协于时，情敏于事。
与今而同，与古曷异，物以利移，人以酒昏。
侯生洁己，唯义是敦，日纵醇醪，逾敬逾温。
其在私室，如涉公门，季才之性，柔而执竞。
届彼南秦，申威致命，诱之以权，矫之以正。
帝道用光，边土纳庆，群贤遭世，显名有代。
志竭其忠，才尽其概，体袭朱裳，腰纽双佩。

荣曜当时，风高千载，君臣相遇，理实难偕。

昔因朝命，举之克谐，披衿散想，解带舒怀。

此忻如昨，存亡奄乖，静言思之，中心九摧。

挥毫颂德，潸尔增哀。

皇兴中，诏允兼太常，至兖州祭孔子庙，谓允曰："此简德而行，勿有辞也。"后允从显祖北伐，大捷而还，至武川镇，上《北伐颂》，其词曰："皇矣上天，降鉴惟德，眷命有魏，照临万国。礼化丕融，王猷允塞，静乱以威，穆民以则。北虏旧隶，禀政在蕃，往因时口，逃命北辕。世袭凶轨，背忠食言，招亡聚资，丑类实繁。敢率犬羊，图纵猖蹶，乃诏训师，兴戈北伐。跃马裹粮，星驰电发，扑讨虔刘，肆陈斧钺。斧钺暂陈，馘翦厥旅，积骸填谷，流血成浦。元凶狐奔，假息穷墅，爪牙既摧，腹心亦阻。周之忠厚，存及行苇，翼翼圣明，有兼斯美。泽被京观，垂此仁旨，封尸野获，惠加生死。生死蒙惠，人欣覆育，理贯幽冥，泽渐殊域。物归其诚，神献其福，遐迩斯怀，无思不服。古称善兵，历时始捷，今也用师，辰不及浃，六军克合，万邦以协，义著春秋，功铭玉牒，载兴颂声，播之来叶。"显祖览而善之。

又显祖时有不豫，以高祖冲幼，欲立京兆王子推，集诸大臣以次召问。允进跪上前，涕泣曰："臣不敢多言，以劳神听，愿陛下上思宗庙托付之重，追念周公抱成王之事。"显祖于是传位于高祖，赐帛千匹，以标忠亮。又迁中书监，加散骑常侍。虽久典史事，然而不能专勤属述，时与校书郎刘模有所缉缀，大较续崔浩故事，准《春秋》之体，而时有刊正。自高宗迄于显祖，军国书檄，多允文也。末年乃荐高闾以自代。以定议之勋，进爵咸阳公，加镇东将军。

寻授使持节、散骑常侍、征西将军、怀州刺史。允秋月巡境，问民疾苦。至邵县，见邵公庙废毁不立，乃曰："邵公之德，阙而不礼，为善者何望。"乃表闻修葺之。允于时年将九十矣，劝民学业，风化颇行，然儒者优游，不以断决为事。后正光中，中散大夫、中书舍人河内常景追思允，帅郡中故老，为允立祠于野王之南，树碑纪德焉。

太和二年，又以老乞还乡里，十余章，上卒不听许，遂以疾告归。其年，诏以安车征允，敕州郡发遣。至都，拜镇军大将军，领中书监。固辞不许。又扶引就内，改定《皇诰》。允上《酒训》曰：

臣被敕论集往世酒之败德，以为《酒训》。臣以朽迈，人伦所弃，而殊恩过隆，录臣于将殁之年，勖臣于已坠之地。奉命惊惶，喜惧兼甚，不知何事可以上答。伏惟陛下以睿哲之姿，抚临万国，太皇太后以圣德之广，济育群生。普天之下，罔不称赖。然日昃忧勤，虚求不已，思监往事，以为敬式。此之至诚，悟通百灵，而况于百官士民。不胜踊跃，谨竭其所见，作《酒训》一篇。但臣愚短，加以茺废，辞义鄙拙，不足观采。伏愿圣慈，体臣悾悾之情，恕臣狂瞽之意。其词曰：

自古圣王，其为飨也，玄酒在堂而酹酒在下，所以崇本重原，降于滋味。虽汎爵旅行，不及于乱。故能礼章而敬不亏，事毕而仪不忒。非由斯致，是失其道。将何以范时轨物，垂之于世？历观往代成败之效，吉凶由人，不在数也。商辛耽酒，殷道以之亡；公旦陈诰，周德以之昌。子反昏酣而致毙，穆生不饮而身光。或长世而为戒，或百代而流芳。酒之为状，变惑情性，虽曰哲人，孰能自竞。在官者殆于政也，为下者慢于令也，聪达之士荒于听也，柔顺之伦兴于诤也，久而不悛，致于病也。岂止于病，乃损其命。谚亦有云：其益如毫，其亦夥乎。无以酒荒而陷其身，无以酒狂而丧其伦。迷邦失道，流浪漂津。不师不遵，反将何因。《诗》不言乎，“如切如瑳，如琢如磨”，朋友之义也。作官以箴之，申谟以禁之，君臣之道也。其言也善，则三覆而佩之；言之不善，则哀矜而贷之。此实先王纳规之意。往者有晋，士多失度，肆散诞以为不羁，纵长酣以为高达，调酒之颂，以相眩曜。称尧舜有千钟百觚之饮，著非法之言，引大圣为譬，以则天之明，岂其然乎？且子思有云，夫子之饮，不能一升。以此推之，千钟百觚皆为妄也。

今大魏应图，重明御世，化之所暨，无思不服，仁风敦洽于四海。太皇太后以至德之隆，诲而不倦，忧勤备于皇情，诰训行于无外。故能道协两仪，功同覆载。仁恩下逮，罔有不遵，普天率土，靡不蒙赖。在朝之士，有志之人，宜克己从善，履正存贞。节酒以为度，顺德以为经。悟昏饮之美疾，审敬慎之弥荣。遵孝道以致养，显父母而扬名。蹈闵曾之前轨，遗仁风于后生。仰以答所授，俯以保其成。可不勉欤！可不勉欤！

高祖悦之，常置左右。

诏允乘车入殿，朝贺不拜。明年，诏允议定律令。虽年渐期颐，而志识无损，犹心存旧职，披考史书。又诏曰："允年涉危境，而家贫养薄。可令乐部丝竹十人，五日一诣允，以娱其志。"特赐允蜀牛一头，四望蜀车一乘，素几杖各一，蜀刀一口。又赐珍味，每春秋常致之。寻诏朝晡给膳，朔望致牛酒，衣服绵绢，每月送给。允皆分之亲故。是时贵臣之门，皆罗列显官，而允子弟皆无官爵。其廉退若此。迁尚书、散骑常侍，时延入，备几杖，问以政治。十年，加光禄大夫、金章紫绶。朝之大议，皆咨访焉。

魏初法严，朝士多见杖罚。允历事五帝，出入三省，五十余年，初无谴咎。初，真君中以狱讼留滞，始令中书以经义断诸疑事。允据律评刑，三十余载，内外称平。允以狱者民之命也，常叹曰："皋陶至德也，其后英蓼先亡，刘项之际，英布黥而王。经世虽久，犹有刑之余衅。况凡人能无咎乎？"

其年四月，有事西郊，诏以御马车迎允就郊所板殿观瞩。马忽惊奔，车覆，伤眉三处。高祖、文明太后遣医药护治，存问相望。司驾将处重坐，允启陈无恙，乞免其罪。先是，命中黄门苏兴寿扶持允，曾雪中遇犬惊倒，扶者大惧。允慰勉之，不令闻彻。兴寿称共允接事三年，未尝见其忿色。恂恂善诱，诲人不倦。昼夜手常执书，吟咏寻览。笃亲念故，虚己存纳。虽处贵重，志同贫素。性好音乐，每至伶人弦歌鼓舞，常击节称善。又雅信佛道，时设斋讲，好生恶杀。性又简至，不妄交游。显祖平青齐，徙其族望于代。时诸士人流移运至，率皆饥寒。徙人之中，多允姻媾，皆徒步造门。允散财竭产，以相赡赈，慰问周至。无不感其仁厚。收其才能，表奏申用。时议者皆以新附致异,允谓取材任能,无宜抑屈。先是,允被召在方山作颂,志气犹不多损,谈说旧事,了无所遗。十一年正月卒,年九十八。

初,允每谓人曰:“吾在中书时有阴德,济救民命。若阳报不差,吾寿应享百年矣。”先卒旬外,微有不适。犹不寝卧,呼医请药,出入行止,吟咏如常。高祖、文明太后闻而遣医李修往脉视之,告以无恙。修入,密陈允荣卫有异,惧其不久。于是遣使备赐御膳珍羞,自酒米至于盐醢百有余品,皆尽时味,及床帐、衣服、茵被、几杖,罗列于庭。王官往还,慰问相属。允喜形于色,语人曰:“天恩以我笃老,大有所赉,得以赡客矣。”表谢而已,不有他虑。如是数日,夜中卒,家人莫觉。诏给绢一千匹、布二千匹、绵五百斤、锦五十匹、杂采百匹、谷千斛以周丧用。魏初以来,存亡蒙赉者莫及焉,朝庭荣之。将葬,赠侍中、司空公、冀州刺史,将军、公如故,谥曰文,赐命服一袭。允所制诗赋诔颂箴论表赞,《左氏》《公羊释》《毛诗拾遗》《论杂解》《议何郑膏肓事》,凡百余篇,别有集行于世。允明算法,为算术三卷。子忱袭。

【译文】

高允,字伯恭,渤海人。祖父高泰,事迹收入高允叔父高湖的传记中。父亲高韬,少年时代即以见识高明、才智过人而闻名,颇受同乡封懿的敬慕。高韬曾在后燕任慕容垂的太尉从事中郎。北魏太祖拓跋珪攻破后燕都城中山后,封韬为丞相参军。但英年早逝。

高允幼年时就成了孤儿,人很早熟,有着非凡的气度,清河人崔玄伯见他后极为惊异,赞叹说:“高允内心德行高尚美好,神情文雅明朗,如镜子能够外照一样,将来必能成大器,而为一代人杰,只可惜我恐怕不能亲眼看到了。”在高允十几岁的时候,祖父去世,他为奔丧回到家乡,把家产交给两个兄弟管理,自己出家作了僧徒,释名法净。不久后还俗。高允生性喜爱文史典籍,身背书籍,不远千里拜师求学。他知识广博,对历史和儒家的经典,以及天文、历法、占卜等学问都很精通,尤其喜爱《春秋公羊传》一书。曾被郡守征聘为功曹。

北魏神嶋三年，世祖太武帝的舅舅阳平王杜超临时代行征南大将军，镇守邺城，任高允为从事中郎，这时他已四十多岁了。当时正值春天，但很多州郡中的囚徒还不能处置，杜超于是命高允与中郎吕熙等人分别前往这些州郡，评议刑罚事务。吕熙等人贪污受贿，都因此而犯了罪，只有高允一人为官清廉，获得了奖赏。卸官后他回到家乡，以教书为生，学生有千余人。神嶋四年，高允与卢玄等人一起被朝廷征聘，封为中书博士。后来升任为侍郎，与太原人张伟一起以侍郎兼领卫大将军及乐安王拓跋范从事中郎。世祖太武帝的弟弟拓跋范，备受宠爱，他在陇西镇守长安时，曾得到高允多方面的扶正和帮助，大受裨益，深得秦地人民的拥戴。不久，高允被征召回朝。高允曾作过一首《塞上翁诗》，诗中饱含了心酸和喜悦，抒发了他离开秦地时的得意与失落的心情。骠骑大将军，乐平王拓跋丕西征上邽时，高允又以侍郎的身份参议拓跋丕军中的作战事务。有关的事迹收在《乐平王丕传》中。魏军平定凉州后，高允因参议谋划有功，被赐汶阳子的爵位，并兼领建武将军。

此后，魏帝颁诏令高允与司徒崔浩共同著述国史，写成《国记》，兼任著作郎。当时，崔浩召集了很多通晓天文历法的人，考证校定自汉代建国以来日食月食和金木水火土五星的运行行度，并检查旧史中的失谬，另外制定了魏国的历法，然后拿给高允看。高允说："天文历法不可以作没有证据的空谈，要想将距今很远时代的天象推算准确，必须首先检验对距今较近的时代的天象的推算结果。况且汉代元年仲冬十月，金、木、水、火、土五星汇聚在东井宿的说法，实际是对历法的浅薄不识之论。今天我们讥笑汉代的史官，反而却不能察觉这种说法的错误，恐怕将来我们的后人会像我们现在讥笑古人一样地讥笑我们了。"崔浩说："你所说的谬误指的是什么？"高允道："考查《星传》，金、水二星常常在距太阳很近的地方运行。仲冬十月的凌晨，太阳运行到尾宿和箕宿附近，黄昏时从西南方落下，而东井宿此时正从东北方升起。有什么理由说金、水二星会跑到正对着太阳的最远的地方运行呢?这是因为史官想要把事情神化,所以不再依据天象运动的规律来推算的结果。"崔浩说:"想要改变天象并没什么不可以,您难道不怀疑木、火、土三星能汇聚在一起吗?为什么只对金、水二星的往来运行感到奇怪呢?"高允道:"这些事不可以作没有根据的争论,最好还是深入地研究一下为好。"当时在座的人都感到奇怪,只有东宫少傅游雅说:"高君擅长历法,他的说法应当是有根据的。"一年多以后,崔浩对高允说:"过去我们所争论的问题,我本来并没有认真地思考,后来经过进一步的考证研究,果然像你说的一样,五星应提前三个月汇聚在东井宿,而不是在十月。"他又对游雅说:"高允的学问如此精深,我却不知道,就像钟阳元不知魏舒的箭法高明一样。"于是大家对高允都很叹服钦佩。高允虽然精通历法,但最初并不做推算,而且对于自己的这种谨慎做法很有说辞。只是游雅屡次向他请教有关灾害和奇异天象的问题。高允说:"古人说过,真正了解一件事是很难的,已经了解了又怕了解得不全面,因此还不如不了解。天下玄妙的道理极多,怎么能问这些事呢。"游雅从此便不再提问了。

不久,高允在作本官的同时兼作了秦王拓跋翰的老师。其后,世祖让他教授恭宗学习儒家经典,受到了很高的礼遇。同时又令高允与侍郎公孙质、李虚、胡方回共同议定法令条文。世祖推荐高允参与讨论刑罚和治国之策,他的见解非常符合世祖的主张。于是世祖向他征询道:"国家政务繁多,什么事应该最先处理呢?"当时全国的土地多遭封禁,而且京城中不靠务农而吃饭的人非常多。因此高允说:"臣小时候穷苦,只懂得种地,请允许我谈论农业的事情吧。古人说:一平方里的土地可开垦良田三顷七十亩,一百平方里的土地则可开垦良田三万七千顷。如果辛勤地耕耘,每亩就可以增产三斗粟米,如果懒惰则会减少三斗。这样一来,一百平方里的良田,增产或减产粟米的总数就可以达到二百二十二万斛,况且天下的良田如此广大,增产或减少的粟米又该有多少呢?如果官府和农户都有积蓄的粮食,那么即使遇上饥荒的年景，又有什么可忧虑的呢？”世祖认为这个设想非常好。于是解除对土地的封禁，把良田都授给了农民。

当初，崔浩举荐提拔了冀、定、相、幽、并五州的数十人，初作官就当了郡守。恭宗对崔浩说：“在他们之前已经征聘了很多人，也是从各个州郡中选拔的，这些人在职的时间已经很长，勤勤恳恳地工作，但未能得到任何报答。现在可以先把过去征聘的人补充到其他郡县任职，然后以新征聘的人代行郎吏一级的官职。而且郡守县令要管理民众，所以最好任用那些经历丰富的人。”崔浩固执地与太子恭宗争辩，并派遣了他自己选拔的那些人。高允听说此事后，对东宫博士管恬说：“崔公不能幸免了！如果他非要以他的这种错误做法来和殿下较量，并要争个胜负，怎么还能平安度日呢？”

辽东公翟黑子深受世祖的恩宠，他奉公出使并州时，竟收受上千匹布的贿赂，事情很快就被发现了。于是黑子来向高允请教对策，他说：“如果圣上向我问及此事，我是自首服罪呢，还是避而不答？”高允道：“公是朝廷中的宠臣，回答圣上的提问时最好说实话。并且要告诉圣上你对朝廷的忠诚，这样你的罪也就不会太大了。”而中书侍郎崔览和公孙质等人却不这样认为，他们都说，一旦自首从实招认，获罪是大是小实在无法测度，因此最好是回避不说。黑子认为崔览等人更关心自己，反怒气冲冲地对高允说：“按您说的去做，简直就是引诱我去送死，如果真是这样，为什么不直说呢！”于是就这样与高允绝交了。后来，黑子在回复世祖的提问时没能说实话，终于被世祖疏远，最后获罪而遭杀戮。

当时，著作令史闵湛和郄摽因性格奸佞，巧言奉迎，深为崔浩所信任。他们看到崔浩注的《诗经》《论语》《尚书》和《易经》后，立即上书魏帝，声称马融、郑玄、王肃和贾逵等人，虽然都注释讲述过《六经》，但都存在疏漏和错误，不如崔浩的注解精辟。建议广泛搜集国内的各种书籍，藏入官府。然后颁行崔浩对儒家经典的注解，让天下人学习。并请求魏帝降旨，让崔浩注解《礼传》，使后人能够了解正确的经义。崔浩也上表推荐闵湛，称他有著述才能。而后，闵湛又劝崔浩把他所撰写的国史刊刻上石，以便万世流传，他的目的是想使崔浩撰写国史时秉笔直书，对拓跋部的事迹记录得既详备又不雅观的情况得到更充分的表现。高允听说此事后，对著作郎宗钦说："闵湛所做的一切，分寸之间，恐怕就会导致崔家遭受百年不遇的大难。我的门徒中可没有这种人。"不久，大祸降临了。

当初，崔浩被拘捕后，高允则在中书省内值班。恭宗派东宫侍郎吴延去叫高允，并把他留在宫内暂住一夜。第二天，恭宗要入朝拜见世祖，让高允一起陪同前往。走到宫门前，恭宗对高允说："入朝后当见到圣上的时候，我自然会引导你的。倘若圣上有事问你，你只管依着我的话说。"高允问恭宗："为了什么事要这样做呢？"恭宗说："进去自然就知道了。"入朝后见到了魏帝，恭宗说："中书侍郎高允自在臣的宫中以来，已共同相处了多年，他做事小心谨慎而且周密，臣确实非常了解他。虽然他与崔浩同做一事，然而高允低微，都是听从崔浩的主张。请饶恕他的性命吧。"世祖把高允叫到面前，对他说："《国书》是否都是由崔浩撰写的呢？"高允答道："《太祖记》是前著作郎邓渊所撰。《先帝记》和《今记》是臣与崔浩共同撰写的。然而崔浩多做综合的工作，只是统筹裁定而已。至于史中注解疏证的部分，臣做得比崔浩多。"世祖听后勃然大怒，说道："这个罪比崔浩还重，怎么能留他活路！"恭宗急忙说："高允是小臣，见到圣上威严庄重的样子，就语无伦次了。臣曾经详细地问过高允，他每次都说是崔浩写的。"世祖问高允："果然像太子所说的吗？"高允答道："臣才智平庸，著述写作时谬误百出，冒犯了天威，此罪理应灭族，如今臣已甘愿受死，所以不敢不说实话。殿下因为臣长期为他讲习授课，所以可怜臣，为臣祈求活命。其实他并没有问过臣，臣也没有说过那些话。臣回答圣上的都是实话，不敢心神无主。"世祖对恭宗说道："正直啊！对一个人来说，这已经是很难做到的了，而且能够至死不移，不就更难了吗！而且他对我说的都是实话，真是忠臣啊。就为他的这些话，我宁愿不追究他的罪，最好还是宽恕了他吧。"高允终于被赦免了。世祖于是把崔浩叫到面前，让人诘问他。崔浩非常惶恐，不能答对。而高允却对每件事情都能郑重说明，有条有理。所以当时世祖更加生气了，命高允撰写诏书，自崔浩以下，僮仆及小吏以上，共一百二十八人，均夷灭五族。高允迟疑着没有动笔，世祖则频频下令急切地催促。高允祈求再次拜见圣上，然后再动笔撰写诏书，于是世祖把他叫到跟前，高允说道："崔浩所犯的罪，如果还有除著述国史之外的其他什么原因的话，那不是臣胆敢知道的。倘若只因国史一事，那么，秉笔直书，坦率写作虽然对朝廷有所触犯，但也还不至于处死呀。"世祖勃然大怒，命武士将高允拘捕起来。恭宗赶快恭敬地为高允请罪。世祖说："如果没有这个人对我表示愤然不满，早就有几千人被斩了。"崔浩最后终于被杀，而且灭了五族，其他人也都惨遭杀戮。宗钦在临死之前，曾感叹说："高允大概是个圣人吧！"

事过之后，恭宗责备高允说："人应当能够把握时机，审时度势，不能审时度势，书读得再多又有什么用呢？那时候，我一开始就引导卿回复圣上的提问，为什么不顺着我的话说，以至于把圣上气成那个样子。每当想起此事，就让人心惊肉跳。"高允说："臣是出生于东方荒野中的凡夫俗子，本来并没有做官的打算。恰好遇上了太平盛世，在朝廷征聘贤士的时候，也就应选了。于是脱去布衣，穿上官服，在中书省任职，而且还经常在麒麟阁参与校勘典籍。那些白拿着朝廷的奉俸禄而又不做事的官员都很荣耀，而真正有才干的人却被压制不能任用，这种局面已经太久了。史书乃是帝王行为的真实记录，是为后代留下的一个明确鉴戒，这样才能使今人可以了解古人，而后人也可以了解今天。正因为言行举止都要详细记载，所以帝王的行为才要格外谨慎。然而崔浩一家虽世代都蒙受朝廷特殊的礼遇，在当时是非常显赫的大族，但他辜负了圣上对他的恩宠，自取灭亡。但即使对崔浩的这些做法，在当时也还是有值得讨论的余地的。崔浩才知疏弱，像蓬蒿一样，却担负着栋梁般的国家重任，在朝中他缺少正直的节操，在家中也不能与亲人和睦相处，个人的贪欲早已使他忘记了作为朝臣的廉洁之本，个人的爱憎早已取代了正直与真理，这些都是崔浩的责任。但是，至于记录朝廷日常生活的种种事迹，谈论国家事务的正确与失误，这些却也都是史书中的要点，不能与事实有太多的违背。然而，臣与崔浩实际上共同参与此事，不论生死荣辱，按理说两人本不应该有什么不同，实在是由于蒙受了殿下的极大关怀，才违心地苟且幸免，这并不是臣的本意。”恭宗听后非常感动，赞叹了一番。高允后来对人说，我没有接受太子的引导，是唯恐辜负了翟黑子，因为当初我就是这样教导他的，所以现在我自己也应该这样做。

恭宗在去世前的几年中，对自己身边的人非常亲近，并自己营造田园，靠他们来获取财利。高允规劝他说：“天地没有私欲，所以天能够覆盖着大地，而大地能够生长万物；帝王没有私欲，所以能够包养天下。过去贤明的君主，都以极公正的态度从政治民，所以把金银留藏在山中而不去开采它，把珍珠留藏在深水中而不去捕捞它，用这些事实将自己的无私昭告天下人，用自己的节俭教诲天下人。所以赞美之声四起，万代传颂。今天，殿下作为国君的继承者，四海归心，您的言行举止，将成为天下人效法的榜样，而您却营造私人田园，畜养鸡犬，甚至在市集上贩酒，还与市民讨价还价，以至于使议论之声到处流布，而难以补救和掩盖。天下乃是殿下的天下，您富有得享有了四海之内的一切，还有什么想要而得不到的呢，有什么欲望不能满足呢，反而去和那些男女商贾争夺蝇头小利。从前虢国将要灭亡的时候，神从天上降临了，赐给他们土地田园，最后竟丧失了国家。汉灵帝不学习君主的庄重威严，而喜欢与宫中的人摆摊贩卖，自己建立了府库，经营小利，最后使国家发生了颠覆混乱的灾难。前车之鉴就像现在您所做的一样，非常可怕呀。一个作君主的人，在选择用人时必须慎重，仔细观察。所以人们把知人善任叫作哲，这一点对于帝王来说是困难的。《商书》说：‘不要接近小人’，孔子也说过，你亲近了小人，他就会对你无礼，你疏远了小人，他就会怨恨你。武王亲近周公、邵公、姜太公和毕公，所以能称王天下。殷纣王亲近飞廉、恶来，所以国家灭亡了。纵观古今的社稷存亡之际，没有不是由于亲近小人所致。现在殿下总发自内心地感叹缺少人才,实际上贤达之人并不少。近来在您身边侍奉您的那些人,恐怕都不是治国安邦的材料。所以希望殿下能够稍微倾听一下臣的话,排斥奸佞邪恶的小人,亲近忠良,把归自己所有的田园分给贫苦的人,找准时机把畜养和贩卖之事也结束了。只有这样,听到赞美之声的那一天才会到来,而指责之声也就可以平息了。”恭宗并没有接受高允的劝告。

恭宗死后,高允很久都没有入宫进见圣上。后来世祖召见他,高允入宫时,走上台阶就开始抽泣,悲痛得不能自制。世祖见此情景,也跟着哭了,并命高允出使,离开京城。朝臣们都不知因为什么缘故,彼此说道:“高允没遇到什么值得悲泣的事呀,让圣上如此哀伤,究竟为什么呢?”世祖听到后,把他们招呼过来说:“你们不知道高允的悲痛吗?”朝臣们说:“臣等看到高允不说话,只是哭泣,而陛下为这事很悲伤,所以偷偷地说几句。”世祖说:“崔浩被杀时,高允也应当一同处死,由于太子苦谏,才得以幸免。今天太子不在人世了,高允看到我因此很悲痛。”

高允后来上表说:“前些年圣上下诏,命臣汇集各种天文及灾异现象,并与人间的各种事情相互联系,既要精练又要值得一看。臣听说箕子陈述治国的方略而写成《洪范》,孔子讲述鲁国的历史而著成《春秋》,这些都是宣扬各种治国安民的法规、恭敬地观测天象的例子。所以,根据人们行善还是作恶,天马上就会作出反应而出现灾难或奇异的天象,随着人们的成功或失败,天马上也会应验而降临灾祸或福禄。天与人其实相距很远,但所得到的报应,其速度却像回声一样快,真是太可怕了。自古以来,历代帝王之中,没有一位不尊崇这个天人感应的规律,并以这个法度作为考核的标准来整饬国家,修德行善的。在他们之后,史官都要把那些事情记录在案,以便作为行动的借鉴。汉成帝时,光禄大夫刘向见国家的命运将有危难,权力旁落外戚手中,所以屡次上表陈述出现了妖异天象,但都未被采纳。于是以《洪范》和《春秋》二书中有关上天已对人间的恶迹有所报应而出现了灾异天象的内容加以解释，希望以此使君主有所触动而醒悟，但皇帝终究还是没有对现状进行治理查问，最后终于导致了国家的灭亡。这难道不是很悲哀的吗！尊敬的陛下，您的神威与武功效法皇天，英明而远见卓识，并以非常恭敬的态度来考查古代，一切都按照传统的规矩行事，对古代的言论行为，无不深入地鉴别品评，这些都是先帝所不及的。臣才疏学浅，孤陋寡闻，恐怕没有能力为圣上开阔见闻，使您有所裨益，并且恭敬地实现您英明的意旨。今天臣郑重地依照《洪范传》《天文志》，将其中有关事实的要点摘出，并加以汇集，省略掉那些修饰性的言辞，一共录成八篇。"世祖阅后认为很好，说道："高允对灾异现象的精通程度，难道不如崔浩吗？"到高宗即位以后，高允辅佐新君，表现出很高的谋略。当时，司徒陆丽等人都受到了重赏，而高允却没有受到什么奖励，对于此事，他至死都没有一句怨言。这些事情表现了他对朝廷的忠诚，为人谦逊而不好夸耀的品行。

给事中郭善明，生性机智乖巧，想在皇帝面前显示一下自己的才能，于是劝高宗大兴土木，营建宫殿。高允劝阻道："臣听说太祖道武皇帝在平定天下之后，才开始营建都城，但所有的工程，不等到农闲的时候绝不动工兴建。现在国家已经建立很久了，各种宫室都已建造齐备，永安前殿足可以让君主接受万国宾客的朝见，西厢温暖的房间也足可以安置侍奉圣体，登上紫色的楼阁临望，远近可一览无余。如果大范围地修建雄伟华丽的宫殿，目的只是为了奇异好看，那最好还是慢慢地建，不可仓促行事。统计起来，修建这些宫殿，斫制石木材，运送土方，以及各种杂劳役，总共需要二万人，壮年男子承担这些劳役，老人小孩送水送饭，总计则达四万人，而且需要半年时间才能完成。古人说过：一个男人不耕种，就会有人挨饿；一个妇女不织布，就会有人受冻。何况数万人之多，所造成的损失和浪费就太大了。回首想想古代的事实，再来检验今天，必然会得到同样的结果。圣上确实应该再考虑考虑为好。"高宗采纳了这些建议。

高宗继承了太平事业，但依旧沿袭着鲜卑的风俗习惯，婚丧嫁娶都不遵循中原的传统仪式，于是高允规劝道：

“先帝在世之时，多次颁发圣明的诏令，婚姻嫁娶之时不得演奏音乐，送殡埋葬之日也不得唱歌、击鼓跳舞、杀牲和焚烧祭品，这一切都要禁止。虽然这些规定已颁布了很久，但风俗仍然没有改变。而且由于身居高官的人不能改悔，平民百姓也渐渐习惯而成为风俗，对人民教育的荒废，竟到了今天这般地步。过去周文王在百里大小的侯国中，不论整饬德政民风，还是颁布政令，首先从自己和妻子做起，而后再要求他的兄弟，最后才到天下的百姓，终于占有了三分之二的天下。这表明统治者无论做什么事，都要首先从自己和亲人做起。《诗经》说：‘教育你的亲属行善无恶，天下人就都会效仿了。’所以，君主的一举一动不可不谨慎啊。

《礼记》说：‘有女儿出嫁的人家，三日燃烛不灭；迎亲娶妻的人家，三日不能奏乐。’今天各王纳室娶亲，都由乐部供给艺伎，以供嬉戏玩耍，却反而单对平民百姓横加禁止，不许奏乐，这是第一件怪事。

古代结婚的，都选择有道德节义的人家，迎娶贞洁娴静的女子，先要请人说媒，接着再下聘礼，对邀集的幕僚和朋友要注重他们身份的区别，亲近那些乘车的客人，崇尚他们端庄肃穆的仪态，婚姻大事，就是这么难。可是在今天，诸位宗王年仅十五岁就赐给了妻室，离家单独居住了。然而配给妻子的宗王们，有的长幼不分，有的竟闯入嫔妃的住处胡作非为，而与宗王婚配的人，则尽是些嫔妃宫女。自古以来，违背礼仪之甚，没有比这些事再过分的了。近几年来，频频有人揭发和检举这种违礼之事。假如是诸位宗王因饮酒无度而受到责难，事情的缘起，也都是由于他们的妻子因年老色衰而遭到抛弃，从而造成了这种纷乱的局面。如今皇子所娶的妻室多出自嫔妃宫女之中，但却反要天下的平民百姓必须依照礼制的规定婚嫁，这是第二件怪事。

万物生长，最终没有不死亡的，古代贤明的先王制定了礼制，用来养生送死，这是符合人情道理的。如果毁灭生命而自寻死路，那就是圣人禁止的了。然而，埋葬的意思就是藏匿，死者不可能再见面了，所以要把他们深深地藏匿起来。过去帝尧被葬在谷林，农民并没有因此而迁徙到别的土地上去耕种；帝舜被葬在苍梧，商人也没有被迫到别的地方去做生意。秦始皇倒是营建了地下冥城，把它的基础牢牢地固定于三泉之上，所用的金玉珍宝不可计数，但他刚死不久，尸体就被焚烧了，墓穴就被盗掘了。由此推想，尧舜的俭朴，秦始皇的奢侈，谁是谁非就一目了然了。现在国家营建陵墓，花费上亿的银钱，一旦烧了，不也同样成为一片灰烬。如果奢侈浪费对死者有益，为什么单单古人不这样做呢。如今圣上不停地营造茔域，却坚决禁止平民百姓有所兴建，这是第三件怪事。

古代丧礼祭礼，为代替死者受祭，必须立尸，用来辨别左昭右穆的次序，使死者有所依凭，致行献食之礼。如今死者被埋葬之后，人们干脆直截寻找一位与死者相貌相似的人，死者是父母，就像对待父母一样地侍奉他，死者是配偶，则与他像夫妻一样相互恩爱。伤风败俗，亵渎人伦，混乱礼制，没有比这更厉害的了。朝廷不加禁止，百姓也不改易杜绝，这是第四件怪事。

宴飨之礼可以规定礼制仪式，教诲天下臣民，所以圣贤的帝王都重视它。礼制之严甚至到了酒杯满了就不能渴，饭菜不新鲜就不能吃，音乐不是合乎规范的高雅之声就不能演奏，食物不是纯正的货色就不能摆上宴席。而如今在大宴宾客的时候，宫廷内外的人都混杂在一起，因醉酒而喧闹不休，毫无礼仪可言。同时让滑稽小丑做粗俗表演，玷污人们的视听。朝廷长期形成了这种坏习惯，反倒以其为美，而斥责纯洁素朴的风尚，这是第五件怪事。

今天，陛下作为历代帝王中最后的一位，因袭了晋代动乱而遗留的弊端，反而不加以矫正厘定，鞭挞陋俗，臣只怕天下的百姓，永远也见不到传统的礼仪和道德了。”

高允不止一次地这样劝谏高宗，而高宗也都能从容静听，有时因直言过激而有所冒犯，高宗实在不忍再听下去了，就让身边的人将他搀扶出去。只要在不便当众劝谏的情况下，高允就要求到内宫拜见高宗，高宗深知高允的心意，总是预先在屏风旁迎接他。高允得到很高的礼遇和尊敬，早来晚走，有时接连几天都住在宫里，大臣们都不知道他们在议论些什么。

一次有人上书，历陈朝廷的得失，高宗将表章翻看了一遍，然后对群臣说："一国之君就是一家之父，父亲有了错误，做儿子的为什么不写成表章，在人群之中当众劝谏他，让大家都知道他的坏处，而是躲在家里私下处理呢。这难道不是对父亲的爱戴，而恐怕家丑外扬吗？如今国家有了恶行，作为臣子不能当面陈述，却要上表在大庭广众之下劝谏一番，这难道不是宣扬君主的缺点，而标榜他自己是多么正确吗。象高允那样的人，才是真正的忠臣。朕有了错误，他常常以正直之言当面辩论，说到朕所不爱听的时候，仍然能侃侃而谈，毫不回避迁就。朕认识到了自己的过错，而天下的人却不知道朕曾受过规谏，这难道不是忠诚吗！你们这些人常在朕的左右，朕却从来没有听到过你们当面对朕说过一句正直的话，只是趁朕高兴的时候祈求官职。你们这些人手持弓箭和刀斧，侍奉在朕的身边，只有白白站立的苦劳，却全都作了王公贵族。而高允手持一支笔，纠正国家的偏失，却只不过是个小小的著作郎。你们这些人难道不感到愧疚吗？"于是，高宗封高允为中书令，同时还让他像过去一样著述校勘。司徒陆丽说："高允虽然得到了圣上的恩宠，但他家境贫寒，衣着俭朴，妻子儿女身份都很寒微。"高宗气愤地说："为什么不早告诉我！今天朕要重用他了，才说出他家境贫寒。"当天，高宗亲自来到高允的家，看到他家只有几间草房，房间里是粗布做的被子和乱麻做成的袍子，厨房中也只有咸菜而已。高宗感叹地说："古人的生活难道比得上这样清苦吗！"当即赐给高允丝帛五百匹、粟米千斛，封高允的长子高忱为绥远将军、长乐太守。高允再三表示坚决辞让，高宗没有同意。当初与高允一起被征聘的游雅等人，多已拜官封侯，甚至高允手下的百十名小吏，也都做到了刺史郡守一级的职位，而高允却作了二十七年的著作郎，没有升官。当时朝廷中的官吏没有俸禄，高允就经常让他的几个孩子砍柴伐木，维持生计。

当初,尚书窦瑾因获罪而遭诛杀,他的儿子窦遵为避难逃亡到了山泽之中,窦遵的母亲焦氏也因此而被囚禁在县府。后来,焦氏虽因年老而得到赦免,但窦家的亲友之中竟没有一个人愿意赡养她。高允可怜年老的焦氏,把她留在自己家里保护赡养。一晃六年过去了,直到窦遵得到赦免后才将老母接走。高允的行为就是这样敦厚。后来,高允转作了太常卿,同时还继续担任中书令。他上奏《代都赋》,用以规劝讽谏,此文也属于汉代张衡《东京赋》和《西京赋》之类的作品,但内容多没有保存下来。当时,中书博士索敞与侍郎傅默、梁祚讨论人的名与字的尊卑贵贱,著述议论纷纭杂乱,莫衷一是。于是高允撰写了《名字论》,为人们解惑释疑,他引经据典,论证翔实。后来他又在任中书令的同时兼领秘书监,解除了太常卿一职,并晋封爵位梁城侯,加官左将军。

从前,高允与游雅及太原张伟同是同学而成了朋友,游雅曾评价高允说:“爱发怒的人,一生中就不可能不发怒。而过去的史书中记载的卓公心胸宽阔,文饶大度海量,心地狭窄的人或许不相信有这种人。我与高允相交四十年了,却从来没有见过他为事情的对或错而面露喜怒之色,也就相信书中的话了。高允内心文德辉耀,外表柔弱,说起话来迟迟不能出口,我常叫他‘文子’。崔公曾对我说:‘高生博学多才,为一代佳士,只是缺少点勇武的风度气节。’当时我也这么看。可后来发生的事却并非如此。司徒的国史罪,只不过因一点小事所引起,但到圣上降诏责罚的时候,崔公竟声音也嘶哑了,腿也发抖了,连话都说不出来,宗钦和比他职位低的官员都吓得趴在地上,大汗直流,个个面无人色。而高允却详细地叙述事理,申明是非,言辞清晰明辨,声音高亢洪亮。圣上被他的行为所感动,在场的人也没有不称赞他的。他以仁厚之心对待同僚和朋友,保佑他们大吉,过去一向所说的勇武,比高允的行为又怎么样呢?宗爱依仗着权势,肆无忌惮,名声威震四海。他曾在大臣议政之处召见百官,宗王公侯及各级官员,只要看见他的殿庭就全都下拜，只有高允直到走上台阶后才长揖见礼。由此可见，汉代的汲长孺能躺在床上接待卫青，又有什么有悖于礼仪的呢！过去一向所说的风度气节，难道不就是说的这些吗？了解一个人本来就很难，被别人了解就更难了。我仅了解高允的外表，却不了解他的内心，而崔公竟连他的外表也不了解。钟子期遇见了俞伯牙，从此不再听琴，管仲一看到鲍叔牙，眼睛都亮了，确实是有原因的啊。”高允就是这样为世人所推崇。

高宗很尊重高允，常常不叫他的名字，而一直称呼他“令公”。于是“令公”之名传布得很广。高宗死后，显祖住在守丧的地方，乙浑趁机独揽朝政，密谋策反，威胁着国家的命运。文明太后杀了他，召高允到宫中，参议决定国家的大政方针。又下诏对高允说：“近来，学校长期得不到修建，市肆衰落，学业荒废，青年们的叹息之声，在今天又重新出现了。朕已继承管理了这个伟大的事业，天下安宁，根据过去的制度，想要在郡国设立学校，使学习这项事业能够得以继续传授。卿是儒学宗师，开国元老，以您现在的名望和多年的德行，最适合与中书省和秘书省的官员参议此事，以便传布。”高允表奏道：“臣听说像筹划治国大事这样的重要事业，必须首先对人民进行教育和培养；所有的秩序以及九类大法，也都是由于以礼德教化进行统治而形成的。所以，辟雍照耀着周代的《诗经》，而泮宫则是《鲁颂》中显要的内容。自永嘉之乱以后，已有的典章制度都被破坏了。乡间之间再也听不到吟诵《雅》《颂》的声音，京城都邑再也看不到释奠拜师的礼节。道德沦丧，事业衰落，已经有一百五十年了。每当尊敬的先王想要效法过去的典章制度之时，都要治理和提倡纯朴的风尚，只要制定的方案切实理想，很快就能够使局面恢复。陛下恭敬地处理政务并注意节约，明察是非，建立了丰功伟业，天下安宁，百官都能服从领导。为使祖宗的遗志得以发扬，已绝迹的周代礼制得以复兴，于是大发仁德之声，思考着创立新的礼乐法度及文章教化。不论达官显贵还是庶民百姓，都会为此而感到异常欣慰。臣承蒙圣上降旨命令，将中书、秘书二省的官员召集到一起，披阅览读历史典籍，详细研究典章制度和法度准则,随时随地督促儒者们努力从事他们的事业,重视学问而专心于他们的学说。这个圣明的诏令,综合汇集了古代的理义。遵照圣旨,注重建立学校,以便重振风俗教化。这样就能使先王业绩的光辉照耀未来,盛美之音流传天下。臣请求建立这样一种制度,大型的郡设立博士二名,博士的助手四名,学生一百名;次大的郡设立博士二名,助手二名,学生八十名;中型的郡设立博士一名,助手二名,学生六十名;小型的郡设立博士一名,助手一名,学生四十名。博士要选拔录用那些广泛涉猎儒家经典,一生的经历忠诚清白,能够为人师表的人,年龄要在四十岁以上。选拔录用助手的标准与博士相同,年龄在三十岁以上。如果道德修养高尚又大器早成,他的才华足以使他担任教书授业的工作,那么则不限于年龄。学生则挑选那些家世清白,受人敬重,行为美好谨慎,能够遵循礼教的人。首先将富贵人家的子弟全部录取,然后再录取通过考试的人。"显祖听从了高允的建议。自此开始,郡国之内开始设立了学校。

后来,高允因为年老有病,屡次上表请求辞官,皇帝没有同意。于是他写了《告老诗》。又因为昔日一同被征聘的同僚故旧,如今多已不在人世,他感叹时光的流逝,怀念故人,于是作了《征士颂》,颂文中只写了那些应聘在朝廷做官的人,其余未能入聘者则没被录入。对这批贤达之士,也只是简单列举了他们的生平事迹。现将颂文抄录于后:

中书侍郎、固安伯范阳人卢玄,字子真

郡功曹史博陵人崔绰,字茂祖

河内太守、下乐侯广宁人燕崇,字玄略

上党太宗、高邑侯广宁人常陟,字公山

征南大将军从事中郎渤海人高毗,字子翼

征南大将军从事中郎渤海人李金,字道赐

河西太守、饶阳子博陵人许堪,字祖根

中书郎、新丰侯京兆人杜铨,字士衡

征西大将军从事中郎京兆人韦阆,字友规

京兆太守赵郡人李诜,字令孙

太常博士、钜鹿公赵郡人李灵,字虎符

中书郎、即丘子赵郡人李熙,字仲熙

营州刺史、建阳公太原人张伟,字仲业

辅国大将军从事中郎范阳人祖迈

征东大将军从事中郎范阳人祖侃,字士伦

东郡太守、蒲县子中山人刘策

濮阳太守、真定子常山人许琛

行司隶校尉、中都侯西河人宋宣,字道茂

中书郎燕郡人刘遐,字彦鉴

中书郎、武恒子河间人邢颖,字宗敬

沧水太守、浮阳侯渤海人高济,字叔民

太平太守、平原子雁门人李熙,字士元

秘书监、梁郡公广平人游雅,字伯度

廷尉正、安平子博陵人崔建,字兴祖

广平太守、列人侯西河人宋愔

州主簿长乐人潘天符

郡功曹长乐人杜熙

征东大将军从事中郎中山人张纲

中书郎上谷人张诞,字叔术

秘书郎雁门人王道雅

秘书郎雁门人闵弼

卫大将军从事中郎中山人郎苗

大司马从事中郎上谷人侯辩

陈留郡太守、高邑子赵郡人吕季才

历代帝王治理百官,无不积蓄网罗各种有才能的人,以便使统治之术更加高明有效。所以,周文王因为任用了众多的贤达之士才能使天下安宁,汉武帝因为得到了贤者的辅佐才开创了昌盛的局面。这些事迹都被记载在史籍之中,也都是自古至今最普通的道理。魏朝自神䴥年间以来,国内太平安定,诛灭了享有几代非法统治的赫连氏,扫清了在极其荒僻遥远的地方肆意妄为的贼寇,向南攻破了江南的楚地,向西荡涤了凉州之地,域外不同地方的民众,都仰慕魏朝的盛德大义,纷纷前来归顺。从此以后,国家偃戈息鼓,停战罢兵,重建礼教,创立学校,广罗俊才异秀之士,向他们咨询国家政事。真是日夜梦想着贤达睿哲之人,恨不得马上就能见到他们,四处寻访,只是为了能够求得才智超群的人。当时,大家都异口同声地称赞范阳人卢玄等四十二人,他们全是官宦的后代,在地方上都享有盛名,有辅佐之才。陛下亲自颁发圣旨,征聘卢玄等人,留着官位等待他们去做,空着爵位等着封给他们,他们之中的三十五人入朝做了官,其余的人虽依照规定而没有被州郡聘用,但其才干也同样不可估量。那时,满朝都是英杰俊士,人才济济,一派美好兴盛的景象。昔日臣与他们一同承蒙朝廷的举荐步入仕途,要么从容出入于朝廷议论政事,要么随意集聚到家中尽情娱乐,大家都以为,千载难逢的机会就从那时开始了。但时间流逝,吉凶相叠,共同被征聘的人中,由于年老或丧亡,如今差不多都已不在人世了。今日尚健在的虽还有几位,但也天各一方,终难相见。往日的欢乐,今天却变成了悲伤。张仲业东行到了营州,多么希望他能回来一起倾心畅叙,在垂暮之年整装相聚,在桑榆之际感怀情谊。但仲业也不幸去世了。如今,朝中的百官都是晚辈,左邻右舍也都是陌生的面孔,进入宫廷没有寄托自己心意的场所,里里外外也没有让人解颜欢笑的地方。顾盼着自己的这副躯壳,所以只好永远叹息不止了。一篇颂辞可以赞美品德高尚的人的形象,也可以畅所欲言,寄托自己的情怀。我已有二十年没有做文章了,但事情急切,总挂念在我心上,怎么能沉默不语呢?于是为他们作了颂辞,颂辞说:

祥瑞紫气冲九天，君雄并起乱华夏。
群王恭谨往征伐，屡驾战车飞跃马。
扫荡流寇草莽贼，戬除邪恶与妖霸。
四海之内合风俗，八方之中兴教化。
刑罚教化量无际，天下安宁且同一。
偃戈藏兵息战事，唯建礼教勤思虑。
圣帝广求旷世杰，询访荐举能与贤。
投竿垂钓山隐士，奇异才人同出现。
勤勉不倦卢子真，器量宏大心地纯。
钻研学问德为准，研习六艺依据仁。
旌旗弓矢应征选，换上官服除布裙。
手提衣襟走上朝，良谋佳策日日陈。
自东至南勤出使，适马扬鞭独驰骋。
北燕冯弘东归顺，南朝刘宋和如亲。
茕单影孤崔茂祖，年幼衰亲遭不幸。
严于律己多努力，重振旗鼓家道兴。
专心勤勉习《六经》，遨游文藻辞章明。
高官厚禄终辞谢，平静自保一清心。
燕崇常陟重诚信，言行高尚靡有失。
不求苟且升官爵，任其自然去留职。
淡泊谦和又节俭，与世无争善推辞。
思念贤哲乐于古，如饥似渴求知识。
宁静致远高子翼，悟性高好李道赐。
以礼相约结为友，和谐共处如抚琴。
并肩参议万机事，清官为民施善行。
悠闲自得度日月，聊以寄托两颗心。

审时度势许祖根，谋深智富逞才能。
上仗皇恩功名就，下靠德友情谊重。
功勋建树虽然晚，福禄享受实先行。
同辈旧臣与故友，位居群后是此人。
孤身独立杜士衡，扪心自问无愧疚。
不尚华丽言和语，结交新知不弃旧。
计其财产虽贫弱，讲经论道富五斗。
所说同僚此一人，实是国家真英秀。
超凡出众韦友规，人品正直心善良。
他人长处勤汲取，自己小节善弃扬。
禀性有序喜静默，南征北战漂泊郎。
虽然屈居王侯下，念念不忘大志向。
赵国故土好地方，代不绝出多奇士。
山岳聚集才人众，杰秀贤能推三李。
神采飘逸似清风，言语和悦行谦恭。
初九圣贤行隐没，仰慕君王赴京城。
李诜拜官治长安，李灵授爵作皇傅。
垂训皇宫教后辈，肩负处理万机务。
李熙早夭寿虽短，官已拜至侍郎署。
所存风尚值效取，光明显赫贯终生。
学识渊博张仲业，性情清雅心高洁。
礼仪容止仿古式，典谟诰旨理殷切。
身处艰险心不改，节操如一贯始终。
结朋交友重仁德，训教后辈尽孝道。
教化覆盖及龙川，人民归附从其教。
祖迈杰出且贤能，祖侃授官也适选。

闻名家邦受称赞，名声行为同丕显。
兼济天下唯其志，独善其身非己愿。
冲破束缚无规矩，功勋业绩终未展。
刘策许琛忠职守，鞠躬尽瘁竭力行。
出使四方能游说，入见皇帝献其功。
驾乘轻车走天下，燕地降服崇屈从。
名声彰著映当代，社稷大业更昌盛。
大器早成宋道茂，人小年少远播名。
真诚相待结知己，行为处事守信用。
怡怡和睦诸兄弟，穆穆温暖一家庭。
影响广大且深远，声名高振入云空。
常在宫中尽臣责，兼掌天下京都城。
量刑罚罪中为准，民风和谐百事平。
壮哉美哉刘彦鉴，艺文礼乐无不善。
任其自然为禀性，本领才能自修炼。
高官厚禄不崇尚，地位寒微不辱慢。
谢绝朱门辞官去，回归山林大自然。
四俊之一邢宗敬，美名赞誉远播扬。
辞章华丽似行云，文名洋溢早流芳。
道遇路人疾病苦，诗赋相赠了慰问。
真挚情感显于辞，人伦事理出于韵。
爽朗豁达高叔民，默识渊通论古今。
领新悟异出奇想，发自心胸睿思明。
气质堪比和氏璧，文采辉炳善辞章。
仕途踌躇坐京城，衣锦还乡归旧邦。
先知先觉李士元，性格耿直不迷惑。

抖擞精神入殿阁，为臣尽忠效王国。
行端履正榜样好，严循法度守绳墨。
心地善良一君子，言行举止无差错。
孔子称许游和夏，汉人赞美渊与云。
脱凡逾众游泊度，出类拔萃更超群。
校勘经史入秘阁，总领州郡出河汾。
移风易俗施教化，梳理疑乱解争纷。
怡然理顺通难义，涣然冰释解疑问。
精心研析儒家术，分别九流易辨清。
崔建宋愔二贤人，生性奇伟又英杰。
脱颖而出自民间，休名美德漫宫阙。
謇謇仪态殊正直，邈邈风节且高亮。
贤达卓异不自负，白手起家终辉煌。
潘符高尚为典范，杜熙随和性友善。
洁身自好不逐流，一尘不染有主见。
名望高绝世罕有，只为小吏淡作官。
不计得失反逾多，不尚名利反逾显。
张纲温和人谦逊，叔术端正性刚直。
道雅洽闻且强记，闵弼博学又多识。
隐者之中拔其萃，渐成栋梁展鸿志。
发奋进取忘餐饮，雄心岂能足斗食。
遵循礼仪行仁义，榜样规范自不失。
挫折不悲心坦荡，得志不喜意平实。
郎苗初来入仕途，各种方法受考核。
智足谋深超乎众，言论足可安邦国。
性与时尚相融洽，勤勉理政不妄说。

合乎今日新标准，无异古代之准则。
人求物利性贪婪，惑意乱神沉于酒。
洁身自好属侯辩，唯富德义至笃厚。
日日饮酒虽放纵，愈受敬重逾温柔。
无道身躯藏私室，仿佛跻彼众公侯。
若论季才之性格，执着竞争又文静。
长行远抵南秦地，申明皇威施政令。
公平诱导权利弊，矫正是非依准绳。
帝王事业得发扬，边疆昌盛且安宁。
群贤毕至会一世，声名显赫扬魏国。
竭志效忠安天下，各展其能尽臣责。
身披体袭红衣裳，腰系双佩扎玉带。
荣耀辉煌在当时，风节高尚传千载。
君臣相聚难相伴，古今常理异莫觉。
昔日遵奉朝廷合，征举之士能和谐。
撩起衣襟独畅想，解带宽衣自抒怀。
此时忻乐如昨日，生死存亡忽两乖。
沉思默想念故旧，内心翻腾久不平。
挥毫赞美诸公德，更增我心悲与哀。

北魏皇兴年间，献文帝下诏命高允兼任太常，并去兖州拜祭孔子庙，献文帝对高允说："这件事只有人品宽厚、德行高尚的人才有资格前往，请你就不要推辞了。"其后，高允跟随显祖献文帝出征北伐，大胜而归，行至武川镇时，高允上奏《北伐颂》，颂辞说："昊广皇天真伟大，降赐鉴戒唯仁德，眷恋有魏负重任，居高临下照万国。礼仪教化大和谐，君王满腹多谋略，平息乱事依皇威，严守法则万民协。劫掠旧隶属北疆，承政发令在蕃邦，往昔只因常起事，驾车北去故逃亡。世袭旧制不遵循，背离忠义违诚信，网罗亡徒聚强盗,丑寇败类真不少。竟敢率领众羊犬,图谋放纵更猖獗,圣帝降旨告上下,兴师挥戈去北伐。跃马扬鞭裹干粮,星驰电掣进军忙,扑伐征讨劫杀勇,横扫千军斧钺扬。斧钺所至人头落,执馘获俘灭敌旅,尸横遍野填沟谷,血流成河可漂杵。元凶敌首狐奔逃,假借陋室暂歇脚,手下爪牙已遭剐,身边心腹也被杀。周人和亲敬老笃,忠厚仁德及草木,英明圣皇世绝伦,古今美德汇一身。恩泽被覆京观下,仁德宏旨又垂临,瘗埋尸骨放俘虏,仁爱施予生死魂。生灵死魂蒙仁爱,天地庇护人且喜,人伦纵贯幽冥界,皇泽圣恩播异土。物归其诚安天下,敬神行祭献其福,远近内外得安抚,率土之滨皆臣服。古代所称善用兵,三月克敌属神异,如今圣上也兴师,告捷不足十二日。大军上下同心战,千邦万国共和谐,道义光耀垂万载,功勋劳绩铭玉牒,颂扬之声久不灭,流传播布至未来。"显祖阅后非常喜欢。

又有一事。当时,显祖献文帝常常闷闷不乐,因为高祖拓跋宏年纪尚幼,所以献文帝想立京兆王拓跋子推为太子,于是,他召集诸位大臣,依次征询他们的意见。这时高允上前跪倒在地,哭泣着说道:"臣不敢多言,只怕烦劳圣听,愿陛下以祖宗托付的事业为重,再回头想想周公辅成王的古事。"显祖于是把帝位传给了高祖,并赏赐高允丝帛千匹,以表彰他的忠诚亮节。高允后又被升任为中书监,兼领散骑常侍。他虽长期掌管著史校史的工作,然而却不能专心勤勉地从事此事,当时,他与校书郎刘模收集了一些资料,大略地对崔浩过去的工作做了续补,以《春秋》的体例为标准,而对崔著时有刊误匡正。自高宗到显祖的事迹以及军事、国政、书志、檄文,多为高允所撰。到了晚年,高允才推荐高闾接替自己。因他评定议论朝政有功,又被晋封爵位咸阳公,兼领镇东将军。

不久,高允又被任命为使持节、散骑常侍、征西将军和怀州刺史。一年秋季,高允巡行疆界,他关怀百姓的疾苦,所至之处,问寒问暖,当行至邵县的时候,高允见邵公庙已经塌毁,便对人说:"邵公的德操,毁伤它而不尊敬它,那么积德行善的人还能敬仰什么呢。"于是上奏魏帝,要求对邵公庙重建修葺。当时高允已年近九十岁了，还仍然劝导百姓学习问业，使得这种风气蔚然成风。相反，当时的很多儒者却只有悠闲自得地四处游历，而不去过问国家政事。多年以后，在北魏正光年间，中散大夫、中书舍人河内人常景追思怀念高允，亲率郡中的故旧老人，在野王以南为高允修立祠堂，树立碑石，记述他的丰德。

北魏孝文帝太和二年，高允又以年老为由，请求解甲归田，他先后上呈了十余份奏章，但孝文帝最后还是没有同意，于是高允以有病在身为由，请假回到家乡。当年，孝文帝就下诏征聘高允，命州郡负责用可以坐乘的安车将他送到京都。来到京城后，封他为镇军大将军，兼领中书监。高允表示坚决辞让，不予接受。孝文帝又搀扶着他走入内宫，修改议定《皇诰》。高允当时上奏了《酒训》，奏章说：

"圣上曾命臣对于历代因贪杯饮酒而带来的种种弊端、败坏道德的事情加以汇集议论，写成《酒训》。臣愚朽年迈，按照常理都是该被抛弃的人了，而圣上却仍然施予臣异常隆重的恩典，在臣将死之年还录用臣，在臣心志衰丧的时候还勉励臣。臣接受皇命，诚惶诚恐，喜忧交加，不知怎样用行动来报答圣上的关心。尊敬的陛下英明睿智，远见卓识，身居高位安抚万国；太皇太后圣明贤达，仁德广大，救治养育万邦黎民。普天之下，无不称颂。尽管到了晚年还依旧忧虑而操劳不止，各种设想和希望总是接连不断，而且喜欢回首往事，总结一生行为的警示和借鉴。这种至诚至厚的心怀能够感悟百神，更何况百官和庶民了。臣不胜欣喜，郑重地把臣的所见所闻全部写出来，作成《酒训》一篇。但是臣愚笨无知，见识短浅，加上习文弄墨已荒废了多年，所以文辞拙劣，意义鄙陋，不值得阅读采纳。尊敬的圣上慈悲为怀，能够体恤臣的一片赤诚之情，宽恕臣悖理不明的主张。《训》辞是：

自古以来，圣贤的帝王都要举行宴飨的礼仪，由于上古时代还没有酒，当时都是用水来进行祭礼活动，所以帝王在举行飨礼的时候，要将水制的斋酒放置在厅堂上，而把祭礼用的齐酒放在它的下面，这正是崇尚根本，尊重渊源，而将祭品的滋味看得更次要的表现。如果做到这些，那么，尽管是带着酒杯游行，走到哪儿喝到哪儿，也不至于出现混乱。所以，一个人若能在彰明礼制之后饮酒，人们对他的恭敬仰慕之情就不会降低，若能在处理完事务之后饮酒，一切仪式也就不会出现差错。不遵循这项原则的做法，则是违背正道的。如果这样，又将怎么能作为时代的楷模和处事的典范而永世长存呢？综观古今历代兴衰成败的经验教训，其吉凶祸福皆在于人，而不在于天。商纣王帝辛沉湎于酒，殷商王朝因此而灭亡；周公姬旦作成《酒诰》，用它来训诫康叔，周朝因此而得以昌盛。春秋时楚国的公子侧（字子反）非常糊涂，纵情饮酒，终致命丧，而汉代的穆生滴酒不沾，却留下一代美名。有些人长期以来一直作为人们行动的借鉴，而另一些人则被世人万代传颂。酒这种东西能够改变和惑乱人的性情，虽说是哲人，但又有谁能控制得住自己呢。为官者会因酒而懒散地处理国家政务，庶民百姓会因酒而对政令怠慢不执行，聪明贤达之士会因酒而废弃听理，温恭柔顺之人会因酒而使他们发生争斗，而长期狂饮无度又不知悔改，就会使人产生疾病。哪里只是生病，简直就是减少寿命。有句谚语也说过：如果想使事物有所增益，那么只会像分毫一样少，而要想使事物有所减损，却会像刀切一样快。这里所说的增益，只是在一方面有所增加，不也很少吗。这里所说的减损，则是幼年时代即心志迷乱，幼年乱志这种损害，不也很多吗？千万不要因饮酒无度而使自己沉沦，千万不要因饮酒争胜而丧失伦常之道。如果做不到这些，就会使国家发生混乱，迷失方向，使人民漂泊流浪。不学习传统，不遵守法规，违背了这些原则还能继承什么呢。《诗经》不是说过吗，“对待事情要像制造骨器和玉器一样，精心地用刀去切割它，用锉去剉平它，用刀去雕琢它，用物去磨平它。”这就是朋友之间应遵循的原则。做官的人要对君主的错误有所规谏，为君者要对屡次谋划建功的人有所限制，这是君臣之间应恪守的法则。如果一个人所说的话是善良而有益的，就要反复地斟酌审察，并牢牢地记住它，如果一个人所说的话是恶意而无益的，就要哀怜它，宽恕它。这就是先王采纳规劝时所抱的态度。在昔日司马晋的时代，士大夫多丧失了法度，肆意地放荡不羁，以为这样才是不受约束的表现，纵情地举杯豪饮，以为这样才有高尚豁达的气度，吟唱着关于酒的颂歌，互相炫耀。他们声称尧和舜都有千杯万盏的酒量，宣扬诋毁法度的言论，拿伟大的圣贤作例子，来表明他们的行为是在效法上天，难道真是这样的吗？子思说过，孔子饮酒，喝不了一升。由此推断，尧舜能饮千杯万盏的说法都是荒谬不合理的。

今天，伟大的魏国应受河图而统治天下，如日月的光辉普照大地，教化所及之处，无不归心臣服，仁德之风日盛，遍播于四海。太皇太后以至仁至德教诲万民，不知厌倦，所付出的忧虑和劳苦比皇亲之情还要殷勤周到，政令和教诲广行天下，超越疆界。所以能够使国运与天地和谐，使功绩堪比天地万物。圣上将仁德恩泽降施百姓，于是天下没有不遵守法度的，普天之下，率土之滨，也无处不蒙受着恩利。在朝中供职的群臣，都是些有志之士，他们最好要约束自己，从善而行，行为端正，忠直守一。节制饮酒以便形成法度，顺随德政以便建立标准。使人明白狂饮无度的危害，它会让人明知有害而无法自制，使人知道恭敬谨慎乃是极荣耀的美德。遵守孝道以赡养老人，光宗耀祖而使名声远扬。追寻孔子的学生闵子和曾子的足迹，把仁德之风传给后人。这样才能向上以报答上天的赐予，向下以保护所取得的成就。怎么能不努力啊！怎么能不努力啊！”

高祖阅后非常高兴，常把它放在自己身边。

高祖孝文帝后来下诏，允许高允乘车入殿，大臣朝拜时也可不必行礼。第二年，孝文帝下令让高允议定法令条文。虽然他的年纪已经很大，但意志和观察力却丝毫不减，犹如当年身为校书郎，披览考定史籍时一样。其后，孝文帝又降诏说：“高允的年纪已经到了危险的阶段，但他家境贫寒，因而保养也很不够。可以让乐部派出十名弹奏丝竹乐器的人员，每隔五日到高允的家里去演奏，以便使他的心志能得到娱乐。”同时还特别赐给他一头蜀地的牛，一辆蜀地制造的四面开窗的四驾马车，一件素面的几案、一件素面的手杖和一口蜀地制造的刀。又赐给他珍奇异味,每当春季和秋季的时候,就经常送给他。不久,孝文帝再降诏令,命早晚为高允送饭,每逢朔日初一和望日十五还要致送牛肉和美酒,至于衣服绵绢,每月都要奉送。高允把这些东西都分赠给了亲朋故友。当时,凡地位显赫的大臣家里,都有很多亲属在朝廷内充任高官,而高允的子弟中却没有一人身兼官爵。他就是这样的清廉谦逊。后来,高允又被升任为尚书、散骑常侍,孝文帝常常邀请他入朝,备好几案手杖,向他征询治国安邦的大政方针。至太和十年,高允兼领光禄大夫,并被授予系有紫色丝带的金印。朝廷中的重大事务,都要征求询问他的意见。

北魏王朝刚刚建国的时候,法令严明,朝廷中的官吏很多都受过杖刑的责罚。高允前后侍奉了五位皇帝,在尚书省、中书省和门下省三省供职,历时五十余年,却一点过错也没有。当初,在太武帝太平真君年间,因为狱讼刑罚之事停顿日久,积案很多,于是世祖令高允开始在中书省,根根儒家经典的宏旨审断处理多种悬而未决的事情。高允依据法令评定刑罚,历时三十多年,朝廷内外交口称赞他断事公平。高允深知,刑罚之事关系到人民的性命,他常常感叹道:"古代的皋陶虽具有极高尚的德行,但他的后代英国和蓼国却也很早就灭亡了,刘邦与项羽争夺天下之际,英布虽曾因犯罪而受过黥刑,但也称了王。尽管已经历了很长的时代,但仍然还遗留有刑罚的痕迹。圣贤尚且如此,何况凡夫俗子,哪能没有错误呢?"

太和十年四月,群臣京城西郊商议国事,孝文帝下诏,令人用自己的马车迎接高允赴西郊的住所板殿观瞻视察。行至途中,马忽然受惊而狂奔起来,车翻了,高允的额眉处受了三处伤。高祖孝文帝和文明太后派医送药,护理治疗,慰问探望。驾车的车夫将要因此事而受到重罚,高允得知后,赶忙上朝,陈奏自己安然无恙,请求免去车夫的罪过。在此之前,也曾发生过一件类似的事情,魏帝让中黄门苏兴寿搀扶高允行走,一次曾在风雪中遇犬受惊而跌倒,苏兴寿为此非常害怕。高允却安慰鼓励他,不许把这事张扬出去。苏兴寿说,我替高允办事,与他共同相处了三年,从来没有见他发过脾气。他对人循循善诱,诲人不倦。昼夜手不释卷,吟诵阅读。他对亲人的感情极其深厚,对故旧朋友念念不忘。他谦虚谨慎,善于汲取别人的长处。尽管身居高职,地位显赫,但志向却同无官阶无财产的庶民一样。他喜爱音乐,每当乐伎们弹琴唱歌,击喜跳舞的时候,他总是在一旁敲着节拍称好。他还非常信仰佛教与道教,经常设斋讲习,对生养之事非常喜好,对杀戮之事则极为憎恶。他性格又很简易通达,不随便与人交往游历。当年,显祖献文帝平定青州,收复齐国故地的时候,曾将当地的名门望族迁徙到了代地。当时,众多的士宦人物辗转迁移,长途跋涉,都已饥寒交迫。在迁徙的人群之中,有很多是高允的亲属,他们都徒步而行,一直走到了目的地。高允把自己的财物全部分发给徙民,用来帮助救济他们的生活,并且慰问周到,关怀入微。人们无不为他仁厚的心怀所感动。他招收徙民中有才能的人,然后上表奏请魏帝,请求任用。当时人们议论纷纷,人们都对这些新选用的人员存有疑虑,高允却说,选取人才,任用能人,不宜于压制身份低微的人。在此之前,高允曾被征召在方山写作颂文,其心气和志向仍与当年相差无几,谈论往事,记忆犹新,不曾遗忘。太和十一年正月,高允去世,享年九十八岁。

当初,高允常常对人说:“我过去在中书省任职时曾积有阴德,赈济民众,拯救生灵。如果在阳间的报答不出差错的话,我应享有百年的寿命。”在他去世前十多天的时候,身体稍感不适。但他仍然没有入寝就卧,请医服药,而是像往常一样出入随意,行动自如,咏诗诵文不断。高祖孝文帝和文明太后得知高允不适后,即派医生李修前往把脉诊病,李修审视完,告诉高允身体平安无恙。而后李修入朝,秘密地向孝文帝报告说,高允的身体机能与血气循环都出现了异常,恐怕不久于人世了。于是,孝文帝派遣使者送去赏赐给高允的御膳珍羞,自酒米到盐醋,共一百多种,包括尽了当时所有的美食佳味,而且还有床帐、衣服、茵被、几案和手杖,东西摆满了整座庭院。

侯王官员们来来往往，纷纷前来慰问嘱咐，高允抑制不住自己兴奋的心情，面带喜色地对人说："因为我太老了，上天降恩于我，馈赠了这么多佳品，这回可有东西招待客人了。"然后只是上表感谢了一番而已，并没有多想什么。就这样又过了几天，高允在深夜悄然离开了人世，平静得连家人都没有察觉。高允死后，孝文帝下诏赠绢一千匹、布二千匹、丝绵五百斤、锦五十匹、各色各样的彩色丝织物百匹、谷米千斛，用来供丧葬时使用。自北魏初年到现在，无论生者还是死者，还没有人蒙受过这样丰厚的赏赐，朝廷给了高允很高的荣誉。将要入葬之时，孝文帝赐赠高允侍中、司空公和冀州刺史等官，他生前担任的将军、公等官爵依然如故，谥号为文，并赐命服一套。高允撰写的诗、赋、诔、颂、箴、论、表、赞，加上他所著的《左氏释》《公羊释》《毛诗拾遗》《论杂解》《议何郑膏肓事》等，共百余篇，都分门别类编纂成集，流行于世。高允还通晓算法，著有算术方面的著作三卷。高允死后，他的儿子高忱继承了他的事业。

阚骃传

——《魏书》卷五二

【原文】

阚骃,字玄阴,敦煌人也。祖倞,有名于西土。父玟,为一时秀士,官至会稽令。骃博通经传,聪敏过人,三史群言,经目则诵,时人谓之宿读。注王朗《易传》,学者籍以通经。撰《十三州志》,行于世。蒙逊甚重之,常侍左右,访以政治损益。拜秘书考课郎中,给文吏三十人,典校经籍,刊定诸子三千余卷。加奉车都尉。牧犍待之弥重,拜大行,迁尚书。姑臧平,东平王丕镇凉州,引为从事中郎。王薨之后,还京师。家甚贫弊,不免饥寒。性能多食,一饭至三升乃饱。卒,无后。

【译文】

阚骃,字玄阴,甘肃敦煌县人。祖父名倞,在西凉很有名。父亲名玟,为当时优秀人才,官至会稽县令。阚骃学问渊博通晓经传,聪明过人,《史记》《汉书》《后汉书》三史及群言,过目即能背诵,当时人说宿日读过。注王朗的《易传》,学者借助他的注释可以通经书。撰着《十三州志》流行于当世。北凉的建立者沮渠蒙逊(368－433年)很器重他,经常让他随侍左右,向他询问政治损益利害。拜秘书考课郎中,分派文吏三十人,典藏校勘经籍,刊定子部书三千余卷。加奉车都尉。牧犍对待他更敬重,拜大行,迁尚书。姑臧(今甘肃武威)秃发傉檀(363－415年)被蒙逊击败后,东平王丕镇守凉州时,任为从事中郎。王死后回京师。家境贫穷,不免受饥寒。生性能多食,一顿饭吃三升才饱。死后无子嗣后人。

郑道昭传

——《魏书》卷五六

【原文】

懿弟道昭,字僖伯。少而好学,综览群言。初为中书学生,迁秘书郎,拜主文中散,徙员外散骑侍郎、秘书丞、兼中书侍郎。

从征沔汉,高祖飨侍臣于悬瓠方丈竹堂。道昭与兄懿俱侍坐焉。乐作酒酣,高祖乃歌曰:“白日光天无不曜,江左一隅独未照。”彭城王勰续歌曰:“愿从圣明兮登衡会,万国驰诚混江外。”郑懿歌曰:“云雷大振兮天门辟,率土来宾一正历。”邢峦歌曰:“舜舞干戚兮天下归,文德远被莫不思。”道昭歌曰:“皇风一鼓兮九地匝,戴日依天清六合。”高祖又歌曰:“遵彼汝坟兮昔化贞,未若今日道风明。”宋弁歌曰:“文王政教兮晖江沼,宁如大化光四表。”高祖谓道昭曰:“自比迁务虽猥,与诸才俊不废咏缀,遂命邢峦总集叙记。当尔之年,卿频丁艰祸,每眷文席,常用慨然。”寻正除中书郎,转通直散骑常侍。北海王详为司徒,以道昭与琅邪王秉为谘议参军。

迁国子祭酒,道昭表曰:“臣窃以为:崇治之道,必也须才;养才之要,莫先于学。今国子学堂房粗置,弦诵阙尔。城南太学,汉魏《石经》,丘墟残毁,藜藿芜秽,游儿牧竖,为之叹息,有情之辈,实亦悼心,况臣亲司,而不言露。伏愿天慈回神纡眄,赐垂鉴察。若臣微意,万一合允,求重敕尚书、门下,考论营制之模,则五雍可翘立而兴,毁铭可不日而就。树旧经于帝京,播茂范于不朽。斯有天下者之美业也。”不从。

广平王怀为司州牧,以道昭与宗正卿元匡为州都。道昭又表曰:“臣闻唐虞启运,以文德为本;殷周致治,以道艺为先。然则礼乐者为国之基,不可斯须废也。是故周敷文教，四海宅心；鲁秉周礼，强齐归义。及至战国纷纭，干戈递用，五籍灰焚，群儒坑殄，贼仁义之经，贵战争之术，遂使天下分崩，黔黎荼炭，数十年间，民无聊生者，斯之由矣。爰及汉祖，于行陈之中，尚优引叔孙通等。光武中兴于拨乱之际，乃使郑众，范升校书东观。降逮魏晋，何尝不殷勤于篇籍，笃学于戎伍。伏惟大魏之兴也，虽群凶未殄，戎马在郊，然犹招集英儒，广开学校，且能阐道义于八荒，布盛德于万国，教靡不怀，风无不偃。今者乘休平之基，开无疆之祚，定鼎伊瀍，惟新宝历，九服感至德之和，四垠怀击壤之庆。而蠢尔闽吴，阻化江湫，先帝爰震武怒，戎车不息。而停銮伫跸，留心典坟，命故御史中尉臣李彪与吏部尚书、任城王澄等妙选英儒，以崇文教。澄等依旨，置四门博士四十人，其国子博士、太学博士及国子助教，宿已简置。伏寻先旨，意在速就，但军国多事，未遑营立。自尔迄今，垂将一纪，学官凋落，四术寝废。遂使硕儒耆德，卷经而不谈；俗学后生，遗本而逐末。进竞之风，实由于此矣。伏惟陛下钦明文思，玄鉴洞远。越会未款，务修道以来之；遐方后服，敷文教而怀之。垂心经素，优柔坟籍。将使化越轩唐，德隆虞夏。是故屡发中旨，敦营学馆，房宇既修，生徒未立。臣学陋全经，识蔽篆素，然往年删定律令，谬预议筵。谨依准前修，寻访旧事，参定学令，事旋封呈。自尔迄今，未蒙报判。但废学历年，经术淹滞。请学令并制，早敕施行，使选投有依，生徒可准。”诏曰：“具卿崇儒敦学之意，良不可言。新令寻班，施行无远，可谓职思其忧，无旷官矣。”

道昭又表曰：“窃惟鼎迁中县，年将一纪，缙绅褫业，俎豆阙闻，遂使济济明朝，无观风之美，非所以光国宣风，纳民轨义。臣自往年以来，频请学令，并置生员，前后累上，未蒙一报，故当以臣识浅滥官，无能有所感悟者也。馆宇既修，生房粗构，博士见员，足可讲习。虽新令未班，请依旧权置国子学生，渐开训业，使播教有章，儒风不坠，后生睹徙义之机，学徒崇知新之益。至若孔庙既成，释奠告始，揖让之容，请俟令出。”不报。

迁秘书监，荥阳邑中正。出为平东将军、光州刺史，转青州刺史，将军如故。复入为秘书监，加平南将军。照平元年卒，赠镇北将军、相州刺史，谥曰文恭。

。道昭好为诗赋，凡数十篇。其在二州，政务宽厚，不任威刑，为吏民所爱。

子严祖，颇有风仪，粗观文史。历通直郎、通直常侍。轻躁薄行，不修士业，倾侧势家，干没荣利，闺门秽乱，声满天下。出帝时，御史中尉綦俊劾严祖与宗氏从姊奸通，从士咸耻言之，而严祖聊无愧色。孝静初，除骠骑将军、左光禄大夫、鸿胪卿。出为北豫州刺史，仍本将军。罢州还，除鸿胪卿。卒，赠都督豫兖颍之州诸军事、骠骑将军、司空公、豫州刺史。

严祖弟敬祖，性亦粗疏。起家著作佐郎。郑俨之败也，为乡人所害。敬祖弟述祖，武定中，尚书。述祖弟遵祖，秘书郎卒。赠辅国将军、光州刺史。遵祖弟顺，卒于太常丞。

自灵太后预政，淫风稍行，及元叉擅权，公为奸秽。自此素族名家，遂多乱杂，法官不加纠治，婚宦无贬于世，有识者咸以叹息矣。

【译文】

郑懿的弟弟郑道昭，字僖伯。少年时就很好学，博览群书。初仕为中书学生，后升为秘书郎，又任主文中散，升为员外散骑侍郎、秘书丞，兼中书侍郎。

郑道昭曾随从魏高祖元弘征伐沔、汉，高祖在悬瓠方丈竹堂宴请随从群臣，郑道昭和他的哥哥郑懿都在座。乐队奏起乐曲，唱得酒酣耳热，高祖唱道："白日光天无不曜，江左一隅独未照。"彭城王元勰接着唱道："愿从圣明兮登衡会，万国驰诚混江外。"郑懿唱道："云雷大振兮天门辟，率土来宾一正历。"邢峦唱道："舜舞干戚兮天下归，文德远被莫不思。"郑道昭唱道："皇风一鼓兮九地匝，戴日依天清六合。"高祖又唱："遵彼汝坟兮昔化贞。未若今日道风明。"宋弁唱道："文王政教兮晖江沼，宁如大化光四表。"高祖对郑道昭说："近来虽被迁都事务所牵，但和众才子也没有中断咏诗，于是命邢峦把所咏的诗歌加以整理编成集子。在这几年，你家连遭丧事，但你仍眷恋吟诗作赋，我很为之感动。”不久，升为中书郎正职，转任通直散骑常侍。北海王元详任司徒，委任郑道昭和琅邪王元秉为咨议参军。

又升任国子祭酒，他上书说：“我以为，治理国家的关键，必须有人才；培养人才的关键，首先是学校。现在国子学的房舍已大致具备，只是学业还未修举。洛阳城南旧太学里的汉魏《石经》，因太学荒废，《石经》也遭到残毁，杂草丛生，牧童在这里放牛，小孩在这里嬉耍，真令人叹息，凡是关心文教的人，都为之伤心，况且我掌管文教，能沉默不言吗？希望皇帝留心，给予关注。如果我的意见是合适的，请求皇帝陛下责令尚书省、门下省，制定营建规模，那么国学可以马上建起来，被毁坏的《石经》也可以得到修复。《石经》碑树立在京城，这一盛举可以永垂不朽。这是帝王的千秋功业。”他的意见未被采纳。

广平王元怀为司州牧，任郑道昭和宗正卿元匡为州都。郑道昭上书说：“我听说尧舜盛世，以文教德政为基础；商周兴盛，也以道德六艺为首务。这么说来，礼乐是立国的基础，不可一时一刻废弃。因此，周朝普施文教，天下人归心；鲁国继承周礼，强大的齐国也宾服。到了战国时代，局面混乱，刀光剑影，经典被焚毁，儒生遭坑杀，轻视宣扬仁义之道的经典，重视军事斗争的战术，致使天下分崩离析，百姓遭到荼炭，几十年之间，之所以民不聊生，原因就在这里。到汉高祖刘邦，他在争战之中尚且优待儒者叔孙通等人。后汉光武帝，在拨乱反正中建立中兴大业，于是派郑众、范升等人在东观校定经籍。到魏晋时代，又何尝不注意文教？在戎马倥偬中尚且热衷于学问。至于我大魏国兴起，虽然当时敌人还未被消灭，军队还在野外争战，仍然招致名儒硕彦，广开学校，因而能阐扬德政于四国，宣布盛德于天下，文教所至，莫不归心，像风吹野草，莫不顺服。现在在国家安定的基础之上，为开拓万代的伟业，迁都于洛阳，步入新的纪元，天下人受到皇帝德政的威名，四海都拍手相贺。但是顽固不化的闽吴，以长江为险，拒绝归顺，已故皇帝大为恼怒,以致战事不断。但是在戎马征战的间隙,仍留心经典,命已故御史中尉李彪和吏部尚书任城王元澄等人,选择名儒,崇尚文教。元澄等人,按照皇帝的旨意,设四门博士四十人,另外国子博士、太学博士以及国子助教,都已选拔出来。回想先帝的旨意,意在迅速建立学校,只因军事频繁,没来得及成立。从那时到今天,差不多经过了十年,教官已七零八落,学业荒废。致使那些名儒大师,卷经而不读;无知的后生小子,舍本而逐末。钻营取巧的风气,因此而产生。陛下您深明文教的作用,目光远大。吴越会稽地区尚未归顺。一心修举文教进行招徕;远方归服较晚,宣扬文教进行感化。陛下您留心经籍,精研坟典。将使教化程度超越陶唐,圣德胜过虞夏。因此多次传下圣旨,督促营建学校,房屋已修筑起来,但学生还没有选上来。我的经学浅陋,书法也不高明,但以前制定律令时,曾参加议论。也曾依据前代的成规,搜寻旧时事例,拟定出学校条令,拟好后进呈给皇帝。从那时到现在,未见批示。但学校已废置多年,经学也没有发展。请求把学校条令和皇帝的批示,尽早颁行,以便选择学官有所依据,学生也可以有准则遁循。"皇帝下圣旨说:"你的崇儒促学的用意,是非常可嘉的。新的条令不久就可以颁布,付诸施行也不会很久了。你真是尽职尽责,没有旷废职事。"

郑道昭又上书说:"考虑到迁都中原,将近十年,但读书人学业荒废,礼乐尚缺,致使堂堂大魏,外国没人来观光礼乐,这样就不能宣扬国威,也不能用礼乐收拢人心。我从去年以来,多次请求下颁学校条令,并选收学生,但前后多次上书,没有得到回答,恐怕是因为我学识庸浅滥竽充数,没有深刻的见解足以引起皇帝的注意。现在学馆已经修成,学员的房舍也大致具备,现有的国子博士,也足以胜任教学。虽然新的条令还没有颁下,请求暂按旧有规定收选学员,逐渐开始学业,这样教学也有章可循,学业也不至于中断,使后辈生徒看到学习向上的机会,在校的学生也体会到学业上的收益。至于孔庙已经修成,祭奠先师孔子的典礼以及一切礼仪,等到新令颁布以后再举行。"他的意见皇帝没有理睬。

郑道昭升为秘书监、荥阳邑中正。又外任为平东将军、光州刺史,转任青州刺史,仍为平东将军。又入朝为秘书监,加平南将军衔。熙平元年逝世,追赠为镇北将军、相州刺史,赠谥号为“文恭”。

郑道昭爱好写诗作赋,共著有数十篇。他在光州、青州任上,行政宽厚,不滥用刑罚,受到官民的爱戴。

他的儿子郑严祖,长相很有风度,粗通文史典籍。历官通直郎,通直常侍。但他为人轻狂浮躁,行为不端,不安心读书,投靠势家大族,贪图功名利禄,家庭人伦关系混乱,臭名满天下。出帝在位时,御史中尉綦儁检举郑严祖与嫁给宗氏的堂姐通奸,人们提起他都感到羞耻。但郑严祖却毫无愧色。孝静帝初年,升任骠骑将军、左光禄大夫、鸿胪卿。又外任为北豫州刺史,仍为骠骑将军。罢任州刺史,入朝仍为鸿胪卿。他死之后,追赠他为都督豫兖颍三州诸军事、骠骑将军、司空公、豫州刺史。

郑严祖的弟弟郑敬祖,也生性粗疏。初任官为著作佐郎。因郑俨败亡,他也被乡民所害。郑敬祖的弟弟郑述祖,武定年间官至尚书。郑述祖的弟弟郑遵祖,官至秘书郎。去世后,追赠为辅国将军、光州刺史。郑遵祖的弟从郑顺,死于太常丞任上。

自从灵太后当政时,淫乱的风气开始流行,到元叉专权时,则公开通奸。此以后,名族大家之内,人伦关系混乱,官方也不加处治,他们在淫乱关系下的婚姻士官行为,社会上也不加以抨击,有见识的人都为此而叹息。

奚康生传

——《魏书》卷七三

【原文】

奚康生，河南洛阳人。其先代人也，世为部落大人。祖直，平远将军，柔玄镇将。入为镇北大将军，内外三都大官，赐爵长进侯。卒，赠幽州刺史，谥曰简。父普怜，不仕而卒。

太和十一年，蠕蠕频来寇边，柔玄镇都将李兜讨击之。康生性骁勇，有武艺，弓力十石，矢异常箭，为当时所服。以兜为前驱军主，频战陷陈，壮气有闻，由是为宗子队主。

从驾征钟离，驾旋济淮，五将未渡，萧鸾遣将率众据渚，邀断津路。高祖敕曰："能破中渚贼者，以为直阁将军。"康生时为军主，谓友人曰："如其克也，得畅名绩，脱若不捷，命也在天。丈夫今日何为不决！"遂便应募，缚筏积柴，因风放火，烧其船舰，依烟直进，飞刀乱斫，投河溺死者甚众。乃假康生直阁将军，后以勋除中坚将军、太子三校、西台直后。

吐京胡反，自号辛支王。康生为军主，从章武王彬讨之。胡遣精骑一千邀路断截，康生率五百人拒战，破之，追至石羊城，斩首三十级。彬甲卒七千，与胡对战，分为五军，四军俱败，康生军独全。迁为统军。率精骑一千追胡至车突谷，诈为坠马，胡皆谓死，争欲取之。康生腾骑奋矛，杀伤数十人，胡遂奔北。辛支轻骑退走，去康生百余步，弯弓射之，应弦而死。因俘其牛羊驼马以万数。

萧鸾置义阳口，招诱边民。康生复为统军，从王肃讨之，进围其城。鸾将张伏护自升城楼，言辞不逊，肃令康生射之。以强弓大箭望楼射窗，扉开即入，应箭而毙。彼民见箭，皆云狂弩。以杀伏护，赏帛一千匹。又频战再退其军，赏三阶，帛五百匹。萧宝卷将裴叔业率众围涡阳，欲解义阳之急。诏遣高聪等四军往援之，后遣都督、广陵侯元衍，并皆败退。时刺史孟表频启告，高祖敕肃遣康生驰往赴援。一战大破之，赏二阶，帛一千匹。及寿春来降也，遣康生领羽林一千人，给龙厩马两匹，驰赴寿春。既入其城，命集城内旧老，宣诏抚赉。俄而，萧宝卷将桓和顿军梁城，陈伯之据峡石，民心骇动，颇有异谋。康生乃防御内外，音信不通。固城一月，援军乃至。康生出击桓和、伯之等二军，并破走之，拔梁城、合肥、洛口三戍。以功迁征虏将军，封安武县开国男，食邑二百户。

出为南青州刺史。后萧衍郁洲遣军主徐济寇边，康生率将出讨，破之，生禽济。赏帛千匹。时萧衍闻康生能引强弓，力至十余石，故特作大弓两张，送与康生。康生得弓，便会集文武，乃用平射，犹有余力。其弓长八尺，把中围尺二寸，箭粗殆如今之长笛，观者以为希世绝伦。弓即表送，置之武库。

又萧衍遣将宋黑率众寇扰彭城，时康生遭母忧，诏起为别将、持节、假平南将军，领南青州诸军击走之。后衍复遣都督，临川王萧宏，副将张惠绍勒甲十万规寇徐州，又假宋黑徐州刺史，领众二万，水陆俱进，径围高塚戍。诏授康生武卫将军、持节、假平南将军，为别将领羽林三千人，骑、步甲士随便割配。康生一战败之，还京，召见宴会，赏帛千匹，赐骅骝御胡马一匹。

出为平西将军、华州刺史，颇有声绩。转泾州刺史，仍本将军。以辄用官炭瓦为御史所劾，削除官爵。寻旨复之。萧衍直阁将军徐玄明戍于郁洲，杀其刺史张稷，以城内附。诏遣康生迎接，赐细御银缠槊一张并枣柰果。面敕曰："果者，果如朕心；枣者，早遂朕意。"未发之间，郁洲复叛。时扬州别驾裴绚谋反，除康生平东将军，为别将，领羽林四千讨之，会事平不行。

遭父忧，起为平西将军、西中郎将。是岁，大举征蜀，假康生安西将军，领步骑三万邪趣绵竹。至陇右，世宗崩，班师。除卫尉卿。出为抚军将军、相州刺史。在州,以天旱令人鞭石虎画象,复就西门豹祠祈雨,不获,令吏取豹舌。未几,二儿暴丧,身亦遇疾,巫以为虎、豹之祟。

征拜光禄卿,领右卫将军。与元叉同谋废灵太后。迁抚军大将军、河南尹,仍右卫,领左右。与子难娶左卫将军侯刚女,即元叉妹夫也。叉以其通姻,深相委托,三人率多俱宿禁内,时或迭出。叉以康生子难为千牛备身。

康生性粗武,言气高下,叉稍惮之,见于颜色,康生亦微惧不安。正光二年三月,肃宗朝灵太后于西林园,文武侍坐,酒酣迭舞。次至康生,康生乃为力士舞,及于折旋,每顾视太后,举手、蹈足、瞋目、颔首为杀缚之势。太后解其意而不敢言。日暮,太后欲携肃宗宿宣光殿。侯刚曰:"至尊已朝讫,嫔御在南,何劳留宿?"康生曰:"至尊,陛下儿,随陛下将东西,更复访问谁?"群臣莫敢应。灵太后自起援肃宗臂下堂而去。康生大呼唱万岁于后,近侍皆唱万岁。肃宗引前入阁,左右竞相排,阁不得闭。康生夺其子难千牛刀,斫直后元思辅,乃得定。肃宗既上殿,康生时有酒势,将出处分,遂为叉所执,锁于门下。至晓,叉不出,令侍中、黄门、仆射、尚书等十余人就康生所讯其事,处康生斩刑,难处绞刑。叉与刚并在内矫诏决之。康生如奏,难恕死从流。难哭拜辞父,康生忻子免死,又亦慷慨,了不悲泣。语其子云:"我不反死,汝何为哭也?"有司驱逼,奔走赴市。时已昏暗,行刑人注刀数下不死,于地刻截。咸言禀叉意旨,过至苦痛。尝食典御奚混与康生同执刀入内,亦就市绞刑。

康生久为将,及临州尹,多所杀戮。而乃信向佛道,数捨其居宅以立寺塔。凡历四州,皆有建置。死时年五十四。子难,年十八。以侯刚子婿得停百日,竟徙安州。后尚书卢同为行台,叉令杀之。

康生于南山立佛图三层,先死忽梦崩坏。沙门有为解云:"檀越当不吉利,无人供养佛图,故崩耳。"康生称然。竟及祸。灵太后反政,赠都督冀瀛沧三州诸军事、骠骑大将军、司空公、冀州刺史,又追封寿张县开国侯,食邑一千邑。子刚,袭。武定中,青州开府主簿。齐受禅,爵例降。刚弟定国,袭康生安武县开国男。

【译文】

奚康生,河南洛阳人。祖先是鲜卑族,居住在代郡,世代为部落大人。祖父奚直,任平远将军、柔玄镇将。入朝为镇北大将军,内外三都大官,赐封爵为长进侯。死后,赠官幽州刺史,谥号为“简”。父亲奚普怜,没有做官就死了。

孝文帝太和十一年,柔然屡次进攻边境,柔玄镇都将李兜曾讨伐出击,奚康生性格勇猛,有武艺,弓力有十石(即一千二百斤),他的箭也与平常的不同,当时人都很佩服他。奚康生随从李兜为前驱军主,多次参加战斗,冲锋陷阵,勇猛的名声很大,因此被任为宗子队主。

后来随从孝文帝征伐钟离。孝文帝渡过了淮河,五个将领未渡,齐明帝萧鸾派将领率部队占据水中小岛,切断了渡河的路。孝文帝下诏命令说:“能够摧毁小岛中敌人的人,可以任为直阁将军。”奚康生当是时军主,他对友人说:“如果不能攻克,就能够扬我名声和功绩,如果能取胜,这是天命。大丈夫在今天为什么不决定试试!”接着就去应募。他缚了木筏堆满了木柴,然后乘着风放火,烧着了敌人的战船。奚康生带战士在烟火弥漫中直冲上敌人战船,飞刀乱砍,使众多敌人投河溺水而死。于是孝文帝任命奚康生兼直阁将军。后因功劳又授官中坚将军、太子三校、西台直后。

吐京地区的山胡造反,自称辛支王。朝廷任命奚康生为军主,随从章武王元彬去讨伐。山胡派出一千名精锐骑兵迎路阻挡,奚康生率领五百人打败了他们,一直追到石羊城,斩首三十级。章武王元彬带领七千士兵,与山胡对阵作战,共分为五军,四军都失败了,只有奚康生一军保全没有损失。奚康生因此升为统军。他率领精锐骑兵一千名追击山胡到车突谷,假装从马上掉下来,山胡人都认为他已死,争相来取其首级。奚康生突然奋起骑上马,用矛杀死杀伤数十人,山胡向北逃去。辛支王也骑马退逃,离奚康生百余步,奚康生弯弓向他射去,应声而倒。这次战斗俘获山胡牛羊驼马达到上万数。

齐萧鸾设置义阳口，招诱北魏边境上居民。奚康生重新任为统军，随从王肃讨伐，进攻包围了这座城。萧鸾的守将张伏护登上城楼，出言不逊，王肃命令奚康生射他。奚康生用强弓大箭对准城楼上的窗，窗门一开，就射入箭，张伏护应声而毙。城民见到箭，都称说是“狂弩”。因杀张伏护得功，孝文帝赏给奚康生帛一千匹。后又多次战斗打退齐的军队，因此赏赐他提升官阶三级，帛五百匹。齐东昏侯萧宝卷的将领裴叔业率领部队包围涡阳，想解除义阳的危急。孝文帝诏命派遣高聪等四军前往支援，后来又派遣都督、广陵侯元衍去，两军都败退。当时南兖州刺史孟表多次告急，孝文帝命王肃派奚康生立刻前往救援。一次战斗就打败了齐军，孝文帝赏给他官阶二级，帛一千匹。后来齐的寿春前来求降。北魏派奚康生率领羽林军一千人，又给予龙厩马两匹，立即赶到寿春。入城后，奚康生召集城内年老居民，宣布朝廷安抚赏赐的诏命。不久，齐萧宝卷的将领桓和的军队停顿在梁城，陈伯之的军队占据峡石，民心惊骇浮动，有人想阴谋叛变。奚康生对内对外都加以防御，音信不通。固守城达一个月，援军才到来。奚康生出击桓和、陈伯之等两军，使他们失败而逃走，攻下了齐梁城、合肥、洛口三戍。因有功升为征虏将军，封安武县开国男的爵位，食邑二百户。

奚康生外出为南青州刺史。后来梁萧衍的郁州派出军主徐济侵犯边境，奚康生率领将士讨伐，打败了梁军，活捉了徐济。朝廷赏赐帛千匹。当时萧衍听说奚康生能拉强弓，其力达到十余石，故而特地制作了两张大弓，送与奚康生。奚康生得到弓后，便会集文武官员，用来平射，还有多余力气。这弓长八尺，弓把中围一尺二寸，箭粗像现在的长笛，观看的人以为这是世间少有和无与伦比。随即上表朝廷把这弓送入武库。

梁武帝萧衍派将领宋黑率领部众进攻彭城，当时奚康生刚遇到母亲去世，朝廷任命他为别将、持节、假平南将军、兼南青州诸军击败了梁军。后来萧衍又派都督、临川王萧宏，副将张惠绍带兵十万进攻徐州，又任宋黑为徐州刺史领二万兵，水陆俱进，围高塚戍。朝廷下诏任命奚康生为武卫将军、持节、假平南将军，为别将，率领羽林军三千人，骑兵和步兵战士随他要求配给。奚康生一战就打败了梁军。回到京城洛阳，皇帝召见，并设宴会，赏赐给他帛一千匹，骅骝御胡马一匹。

奚康生外出任为平西将军，华州刺史，治绩颇有名声。转任泾州刺史，仍为平西将军。因为私用官家的炭和瓦被御史所弹劾，削除了官爵。不久皇帝下旨给他重新恢复官职。萧衍的直阁将军徐玄明守卫在郁州，杀了刺史张稷，请求以郁州城投附北魏。北魏派奚康生前去迎接，赐给细御银缠矛一根，还有枣和苹果。宣武帝当面对奚康生说："果的意思，是要果然称朕的心；枣的意思，是早实现朕的意愿。"奚康生还未出发，郁州又叛变了。当时扬州别驾裴绚谋反，朝廷又任命奚康生为平东将军，别将，领羽林军四千人前去讨伐，刚好此事已平定而没有去成。

遇到父亲去世，起用为平西将军、西中郎将。这一年北魏大举征伐梁的蜀地，授予奚康生安西将军，率领三万步兵、骑兵，进攻绵竹。到陇右，宣武帝驾崩，於是回师。任命为卫尉卿，外出为抚军将军、相州刺史。在相州，因为天旱奚康生命人鞭打石虎的画像；再到西门豹祠求雨，没有成功，命令吏截取西门豹的舌头。不久，他的两个儿子突然死去，他自己也生病，巫师认为是石虎、西门豹在作祟。

朝廷征召拜奚康生为光禄卿，兼任右卫将军。与元叉一起谋划废去灵太后。升为抚军大将军、河南尹、仍任右卫，领仗身左右。为儿子奚难娶左卫将军侯刚的女儿，侯刚儿子是元叉的妹夫。元叉因为和两家通了婚姻，就对他们十分信任重用。三人大多住宿在宫中，或者轮流出去。元叉又任命奚康生儿子奚难为千牛备身。

奚康生性格粗鲁，讲话声高语气重，元叉有些怕他，常表现在脸色上，奚康生也因此有点不安。正光二年三月，孝明帝在西林园朝拜灵太后，文武百官在一旁坐着，酒喝到兴致上就轮流跳舞。轮到奚康生，他就表演力士舞，每次转身时，就回顾注视灵太后，举手、蹈足，瞪着眼，点头，作执杀的样子。灵太后了解他的意思而不敢说。天色已晚，灵太后要孝明帝一起住宿在洛阳北宫宣光殿。侯刚说："至尊已经朝拜完毕，嫔妃在洛阳南宫，何必留宿？"奚康生说："至尊，是陛下灵太后的儿子，随陛下到东到西，还要再去访见谁？"群臣们都不敢说话。灵太后起身后拉着孝明帝手臂下堂而去。奚康生在后面大呼万岁，近侍们也都喊万岁。孝明帝前面入阁，左右竞相推门，阁门不得关闭。奚康生夺过奚难的千牛刀，斫杀直后元思辅，事情才得定。孝明帝上殿后，奚康生趁着酒势，将要作出反元叉的安排，结果被元叉所逮捕，锁在门下。次日早晨，元叉自己不出来，命侍中、黄门、仆射、尚书等十余人到奚康生处讯问其事，宣布处奚康生斩刑，其子奚难绞刑。元叉与侯刚都在内用灵太后的名义下诏："奚康生按上奏处斩，奚难恕死处流放。"奚难哭着拜别父亲，奚康生对儿子免死感到欣慰，又情绪激昂，但不悲泣。他对儿子说："我不反上而死，你为什么要哭呢？"在有关方面驱使逼迫下，拖走到市。当时已黄昏，行刑人刀砍数次不死，在地上一刻钟才砍下头。都说这是秉承元叉的意旨，让他过分痛苦。赏食典御奚混与奚康生一起提刀入内，也到市上处以绞刑。

奚康生做将领太久，等到他做州尹时，就多所杀戮。但他相信佛道，多次捐出自己住宅作为寺庙或建塔。他经历四个州，都有所建树。死时年五十四岁。儿子奚难，年十八。因为是侯刚的女婿停了百日，最后流徙安州。后来尚书卢同为行台时，又命令杀了他。

奚康生在南山造佛塔三层，死前忽然梦见其崩坏。有和尚为他解说："施主当不吉利。无人供养佛塔，故崩坏。"康生说很对。最后终于发生此祸。灵太后重新执政后，赠官都督冀瀛沧三州诸军事、骠骑大将军、司空公、冀州刺史，又追封寿张县开国侯，食邑一千户。儿子奚刚，袭爵。东魏武定年间，任青州开府主簿。北齐建立后，按例降爵。奚刚弟奚定国，袭奚康生的爵为安武县开国男。

杨大眼传

——《魏书》卷七三

【原文】

杨大眼,武都氐难当之孙也。少有胆气,跳走如飞。然侧出,不为其宗亲顾待,颇有饥寒之切。太和中,起家奉朝请。时高祖自代将南伐,令尚书李冲典选征官,大眼往求焉。冲弗许,大眼曰:“尚书不见知,听下官出一技。”便出长绳三丈许系髻而走,绳直如矢,马驰不及,见者莫不惊叹。冲曰:“自千载以来,未有逸材若此者也。”遂用为军主。大眼顾谓同僚曰:“吾之今日,所谓蛟龙得水之秋,自此一举终不复与诸君齐列矣。”未几,迁为统军。从高祖征宛、叶、穰、邓、九江、钟离之间,所经战陈,莫不勇冠六军。世宗初,裴叔业以寿春内附,大眼与奚康生等率众先入,以功封安成县开国子,食邑三百户。除直阁将军,寻加辅国将军、游击将军。

出为征虏将军、东荆州刺史。时蛮酋樊秀安等反,诏大眼为别将,隶都督李崇,讨平之。大眼妻潘氏,善骑射,自诣军省大眼。至于攻陈游猎之际,大眼令妻潘戎装,或齐镳战场,或并驱林壑。及至还营,同坐幕下,对诸僚佐,言笑自得,时指之谓人曰:“此潘将军也。”

萧衍遣其前江州刺史王茂先率众数万次于樊雍,招诱蛮夏,规立宛州,又令其所署宛州刺史雷豹狼、军主曹仲宗等领众二万偷据河南城。世宗以大眼为武卫将军、假平南将军、持节、都督统军曹敬、邴虬、樊鲁等诸军讨茂先等,大破之,斩衍辅国将军王花、龙骧将军申天化,俘馘七千有余。衍又遣其舅张惠绍总率众军,窃据宿豫。又假大眼平东将军为别将,与都督邢峦讨破之。遂乘胜长驱。与中山王英同围钟离。大眼军城东,守淮桥东西二道。

属水泛长，大眼所绾统军刘神符、公孙祉两军夜中争桥奔退，大眼不能禁，相寻而走，坐徙为营州兵。

永平中，世宗追其前勋，起为试守中山内史。时高肇征蜀，世宗虑萧衍侵轶徐扬，乃征大眼为太尉长史、持节、假平南将军、东征别将，隶都督元遥，遏御淮肥。大眼至京师，时人思其雄勇，喜其更用，台省闾巷，观者如市。大眼次谯南，世宗崩。时萧衍遣将康绚于浮山遏淮，规浸寿春，诏加大眼光禄大夫，率诸军镇荆山，复其封邑。后与萧宝夤俱征淮堰，不能克。遂于堰上流凿渠决水而还，加平东将军。

大眼善骑乘，装束雄竦，擐甲折旋，见称当世。抚巡士卒，呼为儿子。及见伤痍，为之流泣。自为将帅，恒身先兵士，冲突坚陈，出入不疑，当其锋者，莫不摧拉。南贼前后所遣督将，军未渡江，预皆畏慑。传言淮泗、荆沔之间有童儿啼者，恐之云"杨大眼至"，无不即止。王肃弟子秉之初归国也。谓大眼曰："在南闻君之名，以为眼如车轮。及见，乃不异人。"大眼曰："旗鼓相望，瞋眸奋发，足使君目不能视，何必大如车轮。"当世推其骁勇，皆以为关张弗之过也。然征淮堰之役，喜怒无常，捶挞过度，军士颇憾焉。识者以为性移所致。

又以本将军出为荆州刺史。常缚蒿为人，衣以青布而射之。召诸蛮渠指示之曰："卿等若作贼，吾政如此相杀也。"又北淯郡尝有虎害，大眼搏而获之，斩其头悬于穰市。自是荆蛮相谓曰："杨公恶人，常作我蛮形以射之。又深山之虎尚所不免。"遂不敢复为寇盗。在州二年而卒。

大眼虽不学，恒遣人读书，坐而听之，悉皆记识。令作露布，皆口授之，而竟不多识字也。有三子，长甑生、次领军、次征南，皆潘氏所生，气干咸有父风。

初，大眼徙营州，潘在洛阳，颇有失行。及为中山，大眼侧生女夫赵延宝言之于大眼，大眼怒，幽潘而杀之。后娶继室元氏。大眼之死也，甑生等问印绶所在，时元始怀孕，自指其腹谓甑生等曰："开国当我儿袭之，汝等婢子，勿有所望!”甑生深以为恨。及大眼丧将还京,出城东七里,营车而宿。夜二更,甑生等开大眼棺,延宝怪而问之,征南射杀之。元怖,走入水,征南又弯弓射之。甑生曰:“天下岂有害母之人。”乃止。遂取大眼尸,令人马上抱之,左右扶挟以叛。荆人畏甑生等骁勇,不敢苦追。奔于襄阳,遂归萧衍。

【译文】

杨大眼,武都地区氐族首领杨难当的孙子。少年时有胆量勇气,跳跃奔跑像飞一样。然而是妾所生,不被他的宗族亲戚看重和照顾,常遭受到饥饿和寒冷。孝文帝太和年间,开始做官为奉朝请。当时孝文帝从都城代郡平城打算南伐,命令尚书李冲主持选拔南征的军官。杨大眼前去应征,李冲没有批准,杨大眼说:“尚书不了解我,让下官表演一技。”便拿出三丈多的长绳系住头发而跑,绳像射出的箭一样直,马也赶不上他,看的人没有一个不惊叹不已。李冲说:“自从千年以来,没有一个有超群才能的人像我那样的。”于是任用为军主。杨大眼回头对同伴们说:“今天我真所谓是蛟龙得水的日子,从此我再不会与诸位在同一行列中了。”不久,升为统军。随从孝文帝出征宛、叶、穰、邓、九江、钟离之间,所经历的战斗,没有一次不是勇冠六军。宣武帝初年,南齐裴叔业将寿春城向北魏投诚,杨大眼与奚康生等率领军队首先进入寿春,因功封为安成县开国子,食邑三百户。任命他为直阁将军,不久加辅国将军和游击将军。

后离京出任为征虏将军,东荆州刺史。当时蛮族首领樊秀安等造反,朝廷任命杨大眼为别将,隶属于都督李崇,讨伐平定了这次事变。杨大眼的妻子潘氏,善于骑马射箭,到军中看望杨大眼,在战斗和打猎的时候,杨大眼叫妻潘氏穿着军装,或者在战场上一起战斗,或者在大森林里并驾齐驱。等到回营后,两人同坐营帐下,在各位属官面前,谈笑自若,杨大眼指着她对人说:“这是潘将军。”

梁萧衍派他的前任江州刺史王茂先率领数万大军到了樊城、雍州,招诱蛮族和汉族人民,计划建立宛州,又命令他所任命的宛州刺史雷豹狼、军主曹仲宗等率领二万大军偷袭占据河南城。宣武帝任命杨大眼为武卫将军、假军南将军、持节、都督，统领曹敬、邴虬、樊鲁等诸军讨伐打败了王茂先等，杀死萧衍的辅国将军王花、龙骧将军申天化，俘虏斩首七千余人，萧衍又派他的舅舅张惠绍总领各军，暗中进据宿豫。北魏又假杨大眼为平东将军，为另一路的统兵将领，与都督邢峦一起打败了张惠绍。于是乘胜进军，与中山王元英一起围攻钟离。杨大眼驻军在城东，守淮河桥的东西两路。刚好碰到河水猛涨，杨大眼所管辖的统军刘神符、公孙祉两路军在夜间争着从桥上逃跑，杨大眼不能阻止，随军而逃，因而犯罪，流放到营州为兵。

永平年间，宣武帝追念杨大眼以前的功勋，起用为代理中山内史。当时高肇征伐梁的蜀地，宣武帝怕萧衍的军队侵扰徐州和扬州，于是召命杨大眼为太尉长史、持节、假平南将军、东征别将，隶属于都督元遥，以防御阻遏淮河肥水一带的梁军。杨大眼到京城洛阳，人们想到他的英勇，又高兴他被重新起用，从台省等政府机关到大街小巷，来观看他的人像上市场赶集一样。杨大眼驻军在谯城南。宣武帝死，当时萧衍派他的将军康绚在浮山筑淮河大堰，计划用淮河水来灌淹寿春，朝廷下诏加杨大眼光禄大夫官，命他率领各军镇守荆山，恢复他的封邑。后来与萧宝夤一起进攻淮河上浮山堰，没有成功，于是在堰的上游凿开一渠道放走淮水，使它不构成对寿阳的威胁。杨大眼回军后，加官平东将军。

杨大眼善于骑马，装束英武，穿着铠甲，转折盘旋，被当时人们所称赞。他巡视抚慰士兵，称他们为儿子，见有受伤的人，常常为他们流泪。他身为将帅，总是身先士卒，冲锋陷阵，出入战场毫不犹豫，和他作战的敌人，没有不被摧垮的。南朝前后所派遣的督军，军队还未渡江，都已感到畏惧。相传在淮泗、荆沔之间有小儿啼哭，只要吓唬他说："杨大眼到来了"，没有一个不马上停止。南朝王肃的侄子王秉刚从南朝投奔到北朝，对杨大眼说："在南方听说您的大名，总以为你眼睛像车轮那么大，现在见到了，和平常人也差不多。"杨大眼说："在两军对阵、旗鼓相望的时候，我双目怒视，虎视眈眈，足以使你不敢看我，何必一定要眼睛大如车轮。”同时代的人推崇他的骁勇，都认为关羽、张飞也不会超过他。然而在出征淮河浮山堰的战斗中，却常常喜怒无常，过度捶打士兵，战士们颇有些怨恨他。有识之士认为这是他性情改变所造成的。

后来又以本将军出任荆州刺史。他常把蒿草捆扎成人体形状，让它穿上青布衣服，对着它射箭。同时招来蛮族首领让他们观看，杨大眼指着草人说：“你等如果作贼反叛，我就是用这种办法来宰杀。”在荆州北淯郡曾经出现老虎造成伤害，杨大眼与虎搏斗而擒获了它，并斩下虎头悬挂在穰县的街市上。从此荆州蛮族人相互议论：“杨公是凶暴的人，常常制作了我们蛮人的形体而对之射杀；而且在深山的老虎也不能免遭被他的杀害。”于是不敢再劫掠作乱。杨大眼在荆州二年便死了。

杨大眼虽然没读过书，但常常派人读书，他坐着听，都能记住。命人作捷报，都由他口授，但终究识字不多。他有三个儿子，长子杨甑生，次子杨领军，三子杨征南，都是潘氏所生。他们都有父亲的气概和才能。

当初，杨大眼流放营州，潘氏在洛阳颇有失节行为。后在中山，杨大眼妾生女儿的丈夫赵延宝把这事告诉了杨大眼，大眼十分恼怒，把潘氏关起来，最后把她杀了。后来再娶了元氏作为继室。杨大眼将死时，甑生等曾问元氏印绶在何处。当时元氏已怀孕，她指着自己的肚子对甑生等说：“开国县子的爵位应当由我的儿子继袭，你们这些婢女所生的儿子，不要有所望！”甑生十分怨恨。后来杨大眼的灵柩将送回到京师，出穰城东七里，停了车过夜，半夜三更，甑生等打开杨大眼的棺材。赵延宝奇怪地询问他。被征南射死。元氏恐惧，逃入河中，征南又弯弓将射她，甑生说：“天下岂有杀害母亲的人。”征南就停止了。于是取出杨大眼的尸体，命人在马上抱着，他们在左右扶持叛逃。荆州人畏惧甑生等勇猛，不敢穷追。他们逃到襄阳，于是归降了萧衍。

宋翻传

——《魏书》卷七七

【原文】

宋翻，字飞乌，广平列人人也。吏部尚书弁族弟。少有志尚，世人以刚断许之。世宗初，起家奉朝请，本州治中，广平王郎中令，寻拜河阴令。

翻弟道玙，先为冀州京兆王愉法曹行参军，愉反，逼道玙为官，翻与弟世景俱囚廷尉。道玙后弃愉归罪京师，犹坐身死，翻、世景除名。久之，拜翻治书侍御史、洛阳令、中散大夫、相州大中正，犹领治书。又迁左将军、南兖州刺史。时萧衍遣将先据荆山，规将寇窃。属寿春沦陷，贼遂乘势逕趋项城。翻遣将成僧达潜军讨袭，频战破之。自是州境帖然。

孝庄时，除司徒左长史、抚军将军、河南尹。初，翻为河阴令，顺阳公主家奴为劫，摄而不送。翻将兵围主宅，执主婿冯穆，步驱向县，时正炎暑，立之日中，流汗沾地。县旧有大枷，时人号曰“弥尾青”，及翻为县主，吏请焚之。翻曰：“且置南墙下，以待豪家。”未几，有内监杨校璺诣县请事，辞色不逊，命取尾青镇之。即免，入诉于世宗。世宗大怒，敕河南尹推治其罪，翻具自陈状。诏曰：“卿故违朝法，岂不欲作威以买名？”翻对：“造者非臣，买名者亦宜非臣。所以留者，非敢施于百姓，欲待凶暴之徒如校璺者耳。”于是威振京师。及为洛阳，迄于为尹，畏惮权势，更相承接，故当世之名大致减损。永安三年，卒于位。赠侍中、卫将军、相州刺史。出帝初，重赠骠骑大将军、仪同三司、尚书左仆射、雍州刺史，谥曰贞烈。

【译文】

《魏书》的作者魏收，东魏、北齐间人，是北朝有名的散文学家，然人品不高,《魏书》的文笔技巧虽然比较高明,但颇多徇私曲笔,招致了后人的批评。不过这几篇酷吏传大约不会出于挟嫌攻击。有几点需要稍作说明:第一,北魏以落后的鲜卑贵族入主中原,特别在早期,对汉人的歧视压迫是相当严重的。所以一般意义上的所谓"酷吏",当然远远不止《酷吏传》中的那些篇,而且还会有许多不够资格列入史书的人。《酷吏传序》说:"魏氏以戎马定王业,武功平海内,治任刑罚,肃厉为本,猛酷之伦,所以列之今史。"已经透出了消息。第二,宋翻的情况很有点像《后汉书》中的董宣,只是后来官大了,胆子就小了。《魏书》不列入《酷吏传》,说明"酷吏"的概念正在起变化。第三,魏收叙事注意到了分寸感。宋翻字飞乌,《魏书》并未将其列入《酷吏传》,但其行事断案,确有"酷"的一面,比如本传记中提到的他对"弥尾青"这种严酷刑具的使用情况。因此我们仍把他看作为当时的"酷吏"。

宋翻,字飞乌,广平烈人县人。他是吏部尚书宋弁的同族兄弟。年轻的时候就有节操理想,当世的人称许他刚毅而有决断。魏宣武帝时,入仕为奉朝请,迁官本州治中,广平王郎中令,不久又任命为河阴令。

宋翻的兄弟道玙,先前担任冀州京兆王元愉的法曹行参军,元愉反叛朝廷,逼迫宋道玙出任伪官,宋翻和另一个弟弟宋世景因此而都被囚禁在廷尉监狱中。宋道玙后来离开元愉回到京城听候处理,但依然被判处死刑,宋翻和宋世景都被免职为民。很久以后,任命宋翻为治书侍御史、洛阳令、中散大夫、相州大中正,仍然兼任治书侍御史。又升迁为左将军,南兖州刺史。当时梁朝萧衍派遣将士先占据了荆山,计划将要入寇,跟着寿春为梁朝攻破,敌人就乘势一直攻向项城。宋翻派遣部下将领成僧达暗中领兵袭击,屡次击破梁军。从此南兖州边境顺服无事。

孝庄帝时代,授宋翻为司徒左长史、抚军将军、河南尹。起先,宋翻担任河阴令,顺阳公主的家奴犯了抢劫罪,受到公主保护不肯送交官府。宋翻率领士兵包围公主的住宅,抓住了公主的丈夫冯穆,把他徒步押送到县里。当时正是大热天,让冯穆站在太阳下,流下的汗水沾湿了地面。县里原来有一种大木枷，当时人把它称为"弥尾青"，等到宋翻做了这个县的长官，手下的官吏请求把这种枷烧掉。宋翻说："姑且放在南墙下，以等待豪强使用。"没过多久，有一个太监杨校鏨到县里有事，言语神色都很傲气，宋翻命令把"弥尾青"给他带上。杨校鏨除去这面大枷以后，进宫把事情告诉宣武帝。宣武帝大为生气，下令让河南尹查问宋翻的罪状，宋翻自己一一陈说当时情况。河南尹奏报宣武帝，宣武帝下诏说："你故意违反朝廷法度，难道不是想作威作福买取一个好名声吗？"宋翻回答说："造这种大枷的不是臣下，买取好名声的也应该不是臣下。臣下所以留着不毁掉的原因，就是想要等待凶恶暴虐之徒像杨校鏨这样的人。"于是宋翻的威名振动了京城。等到他当上洛阳令以后，直到当上河南尹，却变得害怕权势，转过来和有权有势的人互相应酬交往，所以当时的声名因此而大为减损。魏孝庄帝永安三年，在河南尹任上去世。追赠侍中、卫将军、相州刺史。魏出帝初年，重新追赠骠骑大将军，仪同三司，尚书左仆射、雍州刺史，加谥号为贞烈。

高肇传

——《魏书》卷八三

【原文】

高肇,字首文,文昭皇太后之兄也。自云本勃海蓨人,五世祖顾,晋永嘉中避乱入高丽。父飏,字法脩。高祖初,与弟乘信及其乡人韩内、冀富等入国,拜厉威将军、河间子,乘信明威将军,俱待以客礼,赐奴婢牛马采帛。遂纳飏女,是为文昭皇后,生世宗。

飏卒。景明初,世宗追思舅氏,徵肇兄弟等。录尚书事、北海王详等奏:"飏宜赠左光禄大夫,赐爵勃海公,谥曰敬。其妻盖氏宜追封清河郡君。"诏可。又诏飏嫡孙猛袭勃海公爵,封肇平原郡公,肇弟显澄城郡公。三人同日受封。始世宗未与舅氏相接,将拜爵,乃赐衣帻引见肇、显于华林都亭。皆甚惶惧,举动失仪。数日字间,富贵赫弈。是年,咸阳王禧诛,财物珍宝奴婢田宅多入高氏。未几,肇为尚书左仆射、令吏部、冀州大中正,尚世宗姑高平公主,迁尚书令。

肇出自夷土,时望轻之。及在位居要,留心百揆,孜孜无倦,世咸谓之为能。世宗初,六辅专政,后以咸阳王禧无事构逆,由是遂委信肇。肇既无新族,颇结朋党,附之者旬月超升,背之者陷以大罪。以北海王详位居其上,构杀之。又说世宗防卫诸王,殆同囚禁。时顺皇后暴崩,世议言肇为之。皇子昌薨,佥谓王显失於医疗,承肇意旨。及京兆王愉出为冀州刺史,畏肇恣擅,遂至不轨。肇又谮杀彭城王勰。由是朝野侧目,咸畏恶之。因此专权,与夺任己。又尝与清河王怿於云龙门外庑下,忽忿诤,大至纷纭,太尉、高阳王雍和止之。高后既立,愈见宠信。肇既当衡轴,每事任己,本无学识,动违礼度，好改先朝旧制，出情妄作，减削封秩，抑黜勋人，由是怨声盈路矣。延昌初，迁司徒。虽贵登台鼎，犹以去要快快形乎辞色。众咸嗤笑之。父兄封赠虽久，竟不改瘗。三年，乃诏令迁葬。肇不自临赴，唯遣其兄子猛改服诣代，迁葬於乡。时人以肇无识，哂而不责也。

其年，大举征蜀，以肇为大将军，都督诸军为之节度。与都督甄琛等二十馀人俱面辞世宗於东堂，亲奉规略。是日，肇所乘骏马停於神虎门外，无故惊倒，转卧渠中，鞍具瓦解，众咸怪异。肇出，恶焉。

四年，世宗崩，赦罢征军。肃宗与肇及征南将军元遥等书，称讳言，以告凶问，肇承变哀愕，非唯仰慕，亦私忧身祸，朝夕悲泣，至于羸悴。将至，宿瀍涧驿亭，家人夜迎省之，皆不相视，直至阙下，衰服号哭，升太极尽哀。

太尉高阳王先居西柏堂，专决庶事，兴领军于忠密欲除之，潜备壮士直寝邢豹、伊瓮生等十余人於舍人省下。肇哭梓宫讫，於百官前引入西廊，清河王怿、任城王澄及诸王等皆窃言目之。肇入省，壮士搤而拉杀之。下诏暴其罪恶，又云刑书未及，便至自尽，自余亲党，悉无追问，削除职爵，葬以士礼。及昏，乃於厕门出其尸归家。初，肇西征，行至函谷，车轴中折。从者皆以为不获吉还也。灵太后临朝，令特赠营州刺史。永熙二年，出帝赠使持节、侍中、中外诸军事、太师、大丞相、太尉公、录尚书事，冀州刺史。

肇子植。自中书侍郎为济州刺史，率州军讨破元愉，别将有功。当蒙封赏，不受，云："家荷重恩，为国致效是其常节，何足以应进陟之报。"恳恻发至诚。历青、相、朔、恒四州刺史，卒。植频莅五州，皆清能著称，当时号为良刺史。赠安北将军、冀州刺史。

【译文】

高肇，字首文，是文昭皇太后（北魏孝文帝皇后）的哥哥。他自己说本来是渤海郡修县人，五世祖高显，在晋永嘉年间避乱才逃往高丽。父高飏，字法脩，在魏高祖孝文帝初年，和他的弟弟高乘信以及同乡的韩内、冀富等投奔魏国,拜官厉威将军、爵河间子,乘信为明威将军,都待以宾客之礼,赐予奴婢、牛马、彩帛。于是娶了高祒的女儿,是为文昭皇后,生下了世宗皇帝。

高祒去世。景明初年,魏世宗(宣武帝)追念舅父家,征召高肇兄弟等入朝。录尚书事、北海王元详等上奏说:"高祒应该追赠左光禄大夫,赐爵渤海公,谥号为敬。其妻盖氏应该封清河郡君。"世宗同意了。又诏令高祒的嫡孙高猛承袭渤海公爵,封高肇为平原郡公,高肇的弟弟高显为澄城郡公。三人同日受封。开初世宗没有和舅父家有过来往,将拜爵时,就赐以衣冠,引见高肇、高显于华林都亭。他们都很是惶惧不安,举动失态。数日之间,他们就富贵显赫了。这一年,咸阳王元禧被诛,财物、珍宝、奴婢、田宅大多归于高家。没有多久,高肇担任尚书左仆射、领吏部、冀州大中正,娶世宗的姑姑高平公主,迁升为尚书令。

高肇出自东夷,当时的人望很轻视他。及至位居权要,留心一切政务,孜孜不倦,世人都称赞他能干。世宗初年,由六辅臣专政(魏孝文帝临终以北海王元详为司空,王肃为尚书令,广阳王元嘉为左仆射,宋弁为吏部尚书,咸阳王元禧太为尉,任城王元澄为右仆射。辅政),后来因为咸阳王元禧平白无事地要谋反,从此世宗就委信高肇了。高肇既没有亲族,就大肆结交朋党,依附他的旬月之间就破格提拔,反对他的则构陷以大罪。他因为北海王元详位居自己之上,诬构杀之。他又劝说世宗防范诸王,等同囚禁。当时顺皇后(世宗皇后于氏)暴死,世上议论说是高肇所为。皇子元昌死,也都说王显的医疗失误,是承受高肇的意旨。及至京兆王元愉出为冀州刺史,因为畏惧高肇恣肆擅权,所以才图谋不轨。高肇又进谗言杀害了彭城王元勰。由此朝野侧目而视,都畏惧嫌恶他。于是他专掌朝廷大权,生杀予夺都任由自己。他又曾经在云龙门外的廊庑之下,与清河王元怿忽然仇争起来,闹得声势很大,后来太尉、高阳王元雍给调和了。世宗立高氏(高肇的侄女,高偃的女儿)为皇后以后,他就更被宠信了。高肇既掌朝政,诸事都自己决断,他本来就没有学识,动辄违反法度,随意胡为,减削封秩,贬黜勋臣,从此就怨声载道了。延昌初年，迁升为司徒。虽然他贵为三公，但还以离开要职怏怏不乐，见于辞色。众人都嗤笑他。父兄虽然久已封赠，但他竟然不改葬。到延昌三年，诏令改葬，高肇又不亲自去办，只派他兄长的儿子高猛改换服装前往代城，迁葬于家乡。当时人因为高肇没有见识，只是哂笑而不责备。

这年，朝廷大举征讨梁朝的蜀郡，以高肇为大将军，都督军为统帅。他与都督甄深等二十多人一起在东堂面辞世宗，亲奉战略规划。这天，高肇所乘的骏马停在神虎门外，无故惊倒，倒卧在沟中，鞍具都散落了，众人都感到很怪异。高肇出来后，心中很作恶。

延昌四年，世宗去世，有赦令停止征战的军队。魏肃宗(孝明帝)写给高肇及元遥等人书信，自称名讳，告以凶讯。高肇听说变故，哀痛惊愕，不仅恋慕先帝，也暗自担忧自己的祸事，朝夕悲泣，以至憔悴。将回到都城时，他夜宿于瀍涧的驿站，家中人夜间迎来探问，都不敢以目对视。直到宫阙之下，他衰服号哭，登上太极殿，奉丧尽哀。

太尉高阳王元雍先已居于西柏堂，专决朝政，与领军于忠秘密商议，想除去高肇，悄悄安排直寝壮士邢豹、伊瓮生等十余人在舍人省下，高肇哭灵柩完毕，在百官面前被领进西廊，清河王元怿、任城王元澄和诸王等都看着他窃窃私语。高肇进入舍人省，壮士掐住他脖子把他活活拉折而死。朝廷下诏公布他的罪恶，又说未及行刑，他就自尽了，其余的亲党，全部不再追究，削除他的官职爵位，以士人之礼葬埋。等到黄昏，才从侧门运出他的尸体送回他的家。开初，高肇西征，行至函谷关，车轴从中折断。随从者都认为不会平安归来。灵太后(世宗皇后胡氏)临朝听政，下令特别追赠高肇为营州刺史。永熙二年，魏出帝追赠高肇为持节、侍中、中外诸军事、太师、大丞相、太尉公、录尚书事、冀州刺史。

李业兴传

——《魏书》卷八四

【原文】

李业兴,上党长子人也。祖虬,父玄纪,并以儒学举孝廉。玄纪卒于金乡令。业兴少耿介,志学精力,负帙从师,不惮勤苦。耽思章句,好览异说。晚乃师事徐遵明于赵魏之间。时有渔阳鲜于灵馥亦聚徒教授,而遵明声誉未高,著录尚寡。业兴乃旨灵馥黉舍,类受业者。灵馥乃谓曰:"李生久逐羌博士,何所得也?"业兴默而不言。及灵馥说《左传》,业兴问其大义数条,灵馥不能对。于是振衣而起曰:"羌弟子正如此耳!"遂便径还。自此灵馥生徒倾学而就遵明。遵明学徒大盛,业兴之为也。

后乃博涉百家,图纬、风角、天文、占候无不详练,尤长算历。虽在贫贱,常自矜负,若礼待不足,纵于权贵,不为之屈。后为王遵业门客。举孝廉,为校书郎。以世行赵歐历,节气后辰下算,延昌中,业兴乃为《戊子元历》上之。于是屯骑校尉张洪、荡寇将军张龙祥等九家各献新历、世宗诏令共为一历。洪等后遂共推业兴为主,成《戊子历》,正光三年奏行之。事在《律历志》。累迁奉朝请。临淮王彧征蛮,引为骑兵参军。后广阳王渊北征,复为外兵参军。业兴以殷历甲寅,黄帝辛卯,徒有积元,术数亡缺,业兴又修之,各为一卷,传于世。

建义初,敕典仪注,未几除著作佐郎。永安二年,以前造历之勋,赐爵长子伯。遭忧解任,寻起复本官。元晔 之窃号也,除通直散骑侍郎。普泰元年,沙汰侍官。业兴仍在通直,加宁朔将军。又除征虏将军、中散大夫,仍在通直。太昌初,转散骑侍郎,仍以典仪之勤,特赏一阶,除平东将军、光禄大夫，寻加安西将军。后以出帝登极之初，预行礼事，封屯留县开国子，食邑五百户。转中军将军、通直散骑常侍。永熙三年二月，出帝释奠，业兴与魏季景、温子升、窦瑗为摘句。后入为侍读。

迁邺之始，起部郎中辛术奏曰："今皇居徙御，百度创始，营构一兴，必宜中制。上则宪章前代，下则模写洛京。今邺都虽旧，基址毁灭，又图记参差，事宜审定。臣虽曰职司，学不稽古，国家大事非敢专之。通直散骑常侍李业兴硕学通儒，博闻多识，万门千户，所宜访询。今求就之披图案记，考定是非，参古杂今，折中为制，召画工并所须调度，具造新图，申奏取定。庶经始之日，执事无疑。"诏从之。天平二年，除镇南将军，寻为侍读。于是尚书右仆射，营构大将高隆之被诏缮治三署乐器、衣服及百戏之属，乃奏请业兴共参其事。

四年，与兼散骑常侍李谐、兼吏部郎卢元明使萧衍。衍散骑常侍朱异问业兴曰："魏洛中委粟山是南郊邪？"业兴曰："委粟是圆丘，非南郊。"异曰："北间郊、丘异所，是用郑义。我此中用王义。"业兴曰："然，洛京郊、丘之处专用郑解。"异曰："若然，女子逆降傍亲亦从郑以不？"业兴曰："此之一事，亦不专从。若卿此间用王义，除禫应用二十五月，何以王俭《丧礼》禫用二十七月也？"异遂不答。业兴曰："我昨见明堂四柱方屋，都无五九之室，当是裴颜所制。明堂上圆下方，裴唯除室耳。今此上不圆何也？"异曰："圆方之说，经典无文，何怪于方？"业兴曰："圆方之言，出处甚明，卿自不见。见卿录梁主《孝经义》亦云上圆下方，卿言岂非自相矛盾！"异曰："若然，圆方竟出何经？"业兴曰："出《孝经援神契》。"异曰："纬候之书。何用信也！"业兴曰："卿若不信，灵威仰、叶光纪之类经典亦无出者，卿复信不？"异不答。

萧衍亲问业兴曰："闻卿善于经义，儒、玄之中何所通达？"业兴曰："少为书生，止读五典，至于深义，不辨通释。"衍问："《诗·周南》，王者之风，系之周公；《邵南》，仁贤之风，系之邵公。何名为系？"业兴对曰："郑注《仪礼》云：昔大王、王季居于岐阳，躬行《邵南》之教，以兴王业。及文王行今《周南》之教以受命。作邑于酆，分其故地，属之二公。名为系。"衍又问："若是故地,应自统摄,何由分封二公?”业兴曰:“文王为诸侯之时所化之本国,今既登九五之尊,不可复守诸侯之地,故分封二公。”衍又问:“《乾卦》初称‘潜龙’,二称‘见龙’,至五‘飞龙’。初可名为虎。”问意小乖。业兴对:“学识肤浅,不足仰酬。”衍又问:“《尚书》‘正月上日受终文祖’,此是何正?”业兴对:“此是夏正月。”衍言何以得知。业兴曰:“案《尚书中候·运行篇》云‘日月营始’,故知夏正。”衍又问:“尧时以何月为正?”业兴对:“自尧以上,书典不载,实所不知。”衍又云:“‘寅宾出曰’即是正月。‘日中星鸟,以殷仲春’,即是二月。此出《尧典》,何得云尧时不知用何正也?”业兴对:“虽三正不同,言时节者皆据夏时正月。《周礼》,仲春二月会男女之无夫家者。虽自周书,月亦夏时。尧之日月,亦当如此。但所见不深,无以辨析明问。”衍又曰:“《礼》,原壤之母死。孔子助其沐椁。原壤叩木而歌曰:‘久矣夫,予之不托于音也。狸首之班然,执女手之卷然。’孔子圣人,而与原壤为友?”业兴对:“孔子即自解,言亲者不失其为亲,故者不失其为故。”又问:“原壤何处人?”业兴对曰:“郑注云:原壤,孔子幼少之旧。故是鲁人。”衍又问:“孔子圣人,所存必可法。原壤不孝,有逆人伦,何以存故旧之小节,废不孝之大罪?”业兴对曰:“原壤所行,事自彰著。幼少之交,非是今始,既无大故,何容弃之?孔子深敦故旧之义,于理无失。”衍又问:“孔子圣人,何以书原壤之事,垂法万代?”业兴对曰:“此是后人所录,非孔子自制。犹合葬于防,如此之类,《礼记》之中动有百数。”衍又问:“《易》曰太极,是有无?”业兴对:“所传太极是有,素不玄学,何敢辄酬。”

还,兼散骑常侍,加中军大将军。后罢议事省,诏右仆射高隆之及诸朝士与业兴等在尚书省议定五礼。兴和初,又为《甲子元历》,时见施用。复预议《麟趾新制》。武定元年,除国子祭酒,仍侍续。三年,出除太原太守。齐献武王每出征讨,时有顾访。五年,齐文襄王引为中外府咨议参军。后坐事禁止。业兴乃造《九宫行棋历》,以五百为章,四千四十为部,九百八十七为斗分,还以己未为元,始终相维,不复移转,与今历法术不同。至于气序交分，景度盈缩，不异也。七年，死于禁所，年六十六。

业兴爱好坟籍，鸠集不已，手自补治，躬加题帖，其家所有，垂将万卷。览读不息，多有异闻，诸儒服其渊博。性豪侠，重意气。人有急难，委之归命，便能容匿。与其好合，倾身无吝。若有相乖忤，便即疵毁，乃至声色，加以谤骂。性又躁隘，至于论难之际，高声攘振，无儒者之风。每语人云："但道我好，虽知妄言，故胜道恶。"务进忌前，不顾后患，对人以此恶之。至于学术精微，当时莫及。

子崇祖，武定中，太尉外兵参军。崇祖弟遵祖，太昌中，业兴传其长子伯以授之。齐受禅，例降。

【译文】

李业兴，上党长子人。祖父李虬，父亲李玄纪，都因精通儒家学说而被荐举为孝廉。李玄纪在任金乡令期间去世了。李业兴少年耿直，从小就立志专心致力于学问，身背书籍从师学习，不辞辛苦。他对有关儒家经典的诠释精心研究，并喜欢披览和留心新奇的学说。稍后，李业兴师从徐遵明，在赵魏故地之间学习儒学。当时，渔阳人鲜于灵馥也招收学生教学授业，而徐遵明名望不高，著述也还不多。业兴于是来到灵馥的学校，以生徒的身份听他讲授。

灵馥问业兴："李生长期追随羌博士徐遵明问经，都学到了些什么呢？"李业兴沉默不语。等到灵馥讲解《春秋左氏传》的时候，李业兴向他求教有关此书的数条要旨大义，灵馥却哑然不能对答。于是李业兴抖了抖衣服，站起来说："羌博士的弟子正是如此！"随后他立即离开灵馥的学校，直接回到了徐遵明的门下。自此之后，灵馥的学生全部离开他而投奔了徐遵明。徐遵明的学说由此大盛，生徒也渐渐地多了起来，这些都是李业兴所促成的。

此后，李业兴广泛涉猎多种学问，凡图谶、风角、天文、占候之学，无不精通熟练，尤其擅长算术和历法。虽然他家境贫寒，但却常常高傲自负，如果待他礼节不周，即使是达官显贵，也休想使他屈服。李业兴后来作了王遵业的门客。继而被荐举为孝廉，任校书郎。由于朝廷施用的赵歐《元始历》，因节气少算而后于天时,渐渐地已不很精密了。于是在北魏延昌年间,李业兴制定了《戊子元历》,上呈魏帝。当时,李业兴及屯骑校尉张洪、荡寇将军张龙祥等九人都各自献上了自己新定的历法,世宗宣武帝下诏,让他们在此基础上共同编制一部历法。后来,张洪等人一致推举李业兴主领此事,编写了《戊子历》,并于正光三年上奏颁行。此事记载在《律历志》中。李业兴接着又被提升为奉朝请。临淮王元彧征伐南蛮时,推荐他为骑兵参军。后广阳王元渊北伐,又任他为外兵参军。李业兴认为,阴历的甲寅,黄帝历的辛卯,都只徒有一个上元积年而已,方法与内容都已缺佚,于是李业兴又修订殷历与黄帝历,各成一卷,流行于世。

北魏建义初年,孝庆帝降旨李业兴,命他掌管对礼仪的注释论解,不久封他为著作左郎。永安二年,因他过去制定历法有功,赐封李业兴长子伯的爵位。后来由于父母去世,在服丧期间他解职去官,不久又官复原职。在长广王元晔盗用帝号期间,他被封为通直散骑侍郎。普泰元年,宫中裁减侍中常侍等官,而李业兴仍然被留任通直,兼领宁朔将军。后来又被任命为征虏将军、中散大夫,依旧留在通直。太昌初年,李业兴改作散骑侍郎,还是因为他掌管礼仪的劳苦,特别被赏赐晋升一级,封为平东将军、光禄大夫,不久又兼领安西将军。后来因出帝当初即位之时,李业兴参与实行了礼仪之事,被封为屯留县开国子,并赐五百户封地作为食邑。此后他改作了中军将军、通直散骑常侍。永熙三年二月,出帝以爵祭于神前行拜师礼,李业兴与魏季景、温子升、窦瑗代为选取文章。后入宫作了侍读,为出帝讲学授业。

东魏初年,国都刚刚迁到邺城不久,起部郎中辛术便上奏说:"如今皇城迁徙到了新地,一切都需从头做起,要想将京城修建得繁华富丽,必须以采用适中的方案为宜。向上可以效法古代,向下可以仿照洛阳城的模式。虽然今天的邺都已很破旧,建筑基础也毁弃殆尽,加之相关的图纸与文字记录多不一致,这些事都需要审核考定。臣虽说有此职责,但学问还不足以研习古事,因此对国家大事不敢独断专行。通直散骑常侍李业兴的学问精深博洽，他通达儒学，见闻广博，纵使是千家万户，也最好去访询。如今要向他求教，请他用图纸来查考核对文字记录，考定是非，再参照杂糅古今的有关记载，取其适中的内容制定出一个方案，召募画工和其他可供调动使用的人员，将全部内容重新绘制成一幅新图，而后呈奏圣上定夺。只有这样，到开始营建的时候，主事和工匠们才不会有疑问。”孝静帝采纳了这个建议。东魏天平二年，李业兴被任为镇南将军，不久又被封为侍读。当时，尚书右仆射、营构大将军高隆之奉旨，正在整理五官中郎、左中郎和右中郎三署的乐器、衣服，以及各种散乐杂技使用的器具，于是上奏魏帝，请李业兴也共同参与这项事务。

天平四年，李业兴与兼任散骑常侍的李谐、兼任吏部郎的卢元明一起出使梁朝。当时，梁武帝萧衍的散骑常侍朱异问李业兴：“魏洛阳城外的委粟山是举行郊祀的地方吗？”李业兴答道：“委粟山是祭天的圜丘坛，不是举行郊祀的地方。”朱异说：“北方举行郊祀之地与圜丘的安排不在同一个地方，这是采用郑玄的说法吧。我则以为王肃的解释更适用。”业兴说：“是这样，京城洛阳举行郊祭的地点和圜丘的安排，都只根据郑玄的说法。”朱异问：“如果是这样，那么嫡亲女子的礼制却反常地按庶亲的礼制降低一等，是否也是根据郑玄的说法呢？”业兴答道：“对于这件事，也不能仅从一家之说，如果卿在这件事上采用王肃的说法，那么，丧家除服行的祭礼应该在二十五个月后举行，为什么在王俭所著的《丧礼》中，除服之祭却是在二十七个月后举行呢？”朱异于是无言以对。李业兴继续说：“我昨天看见一座明堂，它是用四根柱子架起的方形房屋，里面根本没有分成五间或九间内室，这种形制是裴颜制定的。明堂是一种上面为圆形，下面为方形的建筑，裴颜只是取消了其中的内室而已，并没有改变它的整体形状，那么，为什么现在看到的这座明堂的上面不建成圆形呢？”朱异说：“上面圆下面方的说法，在经典著作中根本找不到，既然如此，方形的明堂又有什么可奇怪的呢？”业兴说：“上圆下方的说法，来源非常清楚，卿只是自己没有看到罢了。我曾见过你集录梁国君主的《孝经义》,其中也说到明堂的形状为上圆下方,如此看来,你所说的岂不是自相矛盾了嘛!”朱异说:“如果确实如此,那么明堂为上圆下方的说法究竟出自哪一部经典呢?”业兴答道:“出自《孝经援神契》。”朱异说:“这是谶纬占卜之类的书籍,有什么可值得相信的!”业兴反问道:“卿如果不信此书,那么灵威仰、叶光纪之类的神嘉在经书中也都没有记载,你又信不信呢?”朱异哑然不能作答。

接着,萧衍亲自向李业兴发问:“我听说爱卿精通五经及其义理,那么儒家学说与道家学说究竟有哪一点彼此相通呢?”业兴说:“我少年时代做学生时的义理,则还不能完全了解。”萧衍又问:“《诗经》中的《周南》是帝王的诗歌,却要系在周公的名下;《召南》是仁厚贤者的诗歌,却要系在召公的名下。为什么要听叫作系呢?”业兴回答说:“郑玄在注释《仪礼》时说:‘古时大王和王季居住在岐山以南,他们身体力行《召南》的教导,用以振兴帝王的事业。到了文王的时候,他遵循今天《周南》的教导办事,因而得以受授天命,在酆地营建了都城,然后把他旧有的土地分给了周公和邵公,所以叫作系。”萧衍接着又问:“如果是旧有的土地,应该自己统辖管理才是,有什么理由要分给周、邵二公呢?”业兴答道:“文王在作诸侯的时候,教育感化了自己的国家和人民,今天已经作了至尊至上的天子,便不可以再守着过去作诸侯时的土地了,所以将其分给了二公。”萧衍继续问:“乾卦的第一爻的爻题是‘藏伏不见的龙’,第二爻的爻题是‘刚刚出现的龙’,至第五爻的爻题是‘飞跃在天的龙’。我看它们最初可以叫作虎吧。”提问稍略转了话题。业兴回答说:“我才疏学浅,不足以回答您的问题。”萧衍又问:“《尚书》记载‘正月朔日,虞舜在文祖庙接受帝尧禅让帝位’。这是哪一种历法的正月?”业兴答道:“这是夏历的正月。”萧衍问他如何得知,业兴说:“查考《尚书中候·运行篇》,其中说到‘日月开始运行’。所以知道是夏历。”萧衍又问:“帝尧时代的历法以哪个月作为一年的开始呢?”业兴回答道:“自帝尧以前,典籍中没有记载,实在不知道。”萧衍接着说:“‘恭敬地迎接刚出升的太阳’,这就是正月。‘在一年中昼夜平分的那一天，鸟星将在傍晚出现在正南方的天空，用这个天象可以确定春分’，这就是二月。这些内容都出自《尧典》，为什么说不知道帝尧时代的历法以哪个月为一年的开始呢？”业兴答道：“虽然夏、商、周三代的历法不同，但人们在谈论时间和节气的时候，都依据夏代的历法。《周礼》说：在仲春二月，让那些尚未成家的单身男女相会相配。此事虽出自周代的典籍，但月份却是采用夏代的历法。帝尧时代的历法也当如此。然而我研究得不够深入，无法辨别分析清楚，难以回答您的问题。”萧衍又问：“《礼记》记载，原壤的母亲死后，孔子帮助他整治棺椁。原壤却敲着棺材唱道：‘从母亲去世到现在已经很久了，我一直都不能以此木来寄托我的歌声。棺材的木纹像狸头上的花纹一样斑斓，孔子执斧的手像女子的手一样柔美。’孔子是圣人，怎么反而与原壤是朋友呢？”业兴回答说：“孔子自己在当时就已经解释了，他说：‘朋友没有大的过错就不能相互遗弃，与我有骨肉关系的亲属，虽然有违背礼仪的地方，但还没有失去他们作亲属的原则，我就仍然要与他们和睦相处。我的故旧朋友，虽然有违背礼仪的地方，但还没有忘记他们做朋友的原则，我就仍然要与他们交往。’萧衍继续问：“原壤是哪里人？”业兴答道：“郑玄在对《礼记》的注释中说：原壤是孔子幼年时代的朋友。所以是鲁国人。”萧衍问：“孔子是圣人，他身上所具有的品行必然可以效法。原壤不行孝道，违背了尊卑长幼之间应遵从的关系，为什么孔子要容忍故友的小毛病而与他交往，却不追究他不行孝道的大罪过呢？”业兴答道：“原壤所做的一切，事情是明白清楚的，孔子与他从幼年时代结下的情谊，并不是从今天才开始的，既然朋友没有严重的过失，怎么可以抛弃呢？孔子非常珍视与老朋友深厚的情谊，并没有失理。”萧衍继续问：“孔子是圣人，为什么要写原壤的事迹让后代效法呢？”业兴回答说：“这是后人所撰，并不是孔子自己写的。与孔子父母被合葬在防地一样，像这类事情，《礼记》中动辄就可以列出上百条。”萧衍接着问：“《易经》所说的太极，究竟有没有呢？”业兴答道：“古代所传是有太极，但我一向不善于道家学说，哪儿敢立刻回答这个问题。”

回国之后，李业兴兼任散骑常侍，又兼领中军大将军。后来议事省被废除，魏帝下诏令右仆射高隆之及其他中央官吏，与李业兴在尚书省共同议定公、侯、伯、子、男五等爵位的礼仪。兴和初年，李业兴又续修了《甲子元历》，当时就颁行使用了。后来他又计划议定《麟趾新制》。东魏武定元年，李业兴被任为国子寺祭酒，并继续担任侍读。武定三年，他受朝廷派遣，出任太原太守。齐献武王高欢每次出兵征讨，常要到他府上拜访，与他商议。武定五年，齐文襄王高澄封他为中外府咨议参军。后因犯事而遭囚禁，于是李业兴在狱中撰修了《九宫行棋历》，以五百为一章，四千零四十为一部，九百八十七为斗分，重新以己未作为历元，与此前行用的历法首尾相接，不需再作调整，此历的内容与方法与当时施行的历法不同。至于节气的交分和影度的盈缩长短，则与当时的历法没有差异。武定七年，李业兴死在狱中，享年六十六岁。

李业兴对古代典籍十分喜爱，汇集收藏从未终止，他常亲手将破旧的书籍补好，然后亲笔书写上题跋，家中的藏书将近万卷。他览读不息，并常有很多新奇的见解，他学识渊博，儒者们对此都十分钦佩。李业兴性格豪爽侠义，重义气。别人遇到急难，委身投奔他，便能得到他的收留和容匿。对于与他爱好相投的人，即使倾其所有送给人家，他也绝不吝惜。但是，如果别人与他有相违戾的地方，便会立即指责人家，甚至厉声厉色地诽谤痛骂。同时他的性格又很急躁狭隘，每当他与人辩论的时候，总要高声叫喊，排斥别人的意见，毫无儒者风度。他常对人说："只要对我有利，即使知道别人所说的都是荒谬不合理的话，也比对我不利要好。"他致力进取，妒忌别人的才能和声望超过自己，甚至不顾可能造成的恶劣后果，当时的人们都对他这一点非常憎恶。但说到他学术的精深广博，在当时却没有人能与其相比。

李业兴的儿子李崇祖，在东魏武定年间任太尉外兵参军。李崇祖的弟弟叫李遵祖，北魏太昌年间，李业兴将自己长子伯的爵位传给了他。在北齐接受东魏禅让帝位的时候，按例降爵位一级。

于洛侯传

——《魏书》卷八九

【原文】

于洛侯，代人也。以劳旧为青州刺史，而贪酷安忍。州人富炽夺民吕胜胫缠一具，洛侯辄鞭富炽一百，截其右腕。百姓王陇客刺杀民王羌奴、王愈二人，依律罪死而已。洛候生拔陇客舌，刺其本，并刺胸腹二十余疮。陇客不堪痛苦，随刀战动。乃立四柱磔其手足，命将绝，始斩其首，支解四体，分悬道路，见之者无不伤楚。阖州震恐，人怀怨愤，百姓王元寿等一时反叛。有司纠劾，高祖诏使者于州刑人处宣告兵民，然后斩洛候以谢百姓。

【译文】

于洛侯，代地人。由于劳绩和资历被任命为秦州刺史，生性贪婪严酷而习于残忍。州里人富炽抢夺百姓吕胜一副裹腿，于洛候就把富炽鞭打一百下，砍去他的右腕。百姓王陇客刺死了王羌奴、王愈两个人，按照法律不过是判处一般死罪而已。于洛侯却活活地拔出王陇客的舌头，用刀刺舌面，同时又刺在胸部腹部二十多处。王陇客忍受不了痛苦，身体随着刀子颤抖。于是又立起四根木柱子把他手脚绑上用刀剐，当他快死的时候，这才砍下他的脑袋，肢解两手两腿，分开悬挂在路上，看到这种惨状的人无不伤心悲痛。全州震惊，人人都心怀怨恨愤怒，百姓王元寿等人同时起来反叛。有关部门向朝廷揭发弹劾，魏孝文帝下诏让使者在州中给百姓用刑的地方向全体兵民宣布于洛候的罪状，然后杀了于洛候，以此向百姓谢罪。

李洪之传

——《魏书》卷八九

【原文】

李洪之，本名文通，恒农人。少为沙门，晚乃还俗。真君中，为狄道护军，赐爵安阳男。会永昌王仁随世祖南征，得元后姊妹二人，洪之以宗人潜相饷遗，结为兄弟，遂便如亲。颇得元后在南兄弟名字，乃改名洪之。及仁坐事诛，元后入宫，得幸于高宗，生显祖。元后临崩，昭太后问其亲，因言洪之为兄。与相诀竟日，具条列南方诸兄珍之等，手以付洪之，遂号为显祖亲舅。太安中，珍之等兄弟至都，与洪之相见，叙元后平生故事，计长幼为昆季。

以外戚为河内太守，进爵任城侯，威仪一同刺史。河内北连上党，南接武牢，地险人悍，数为劫害，长吏不能禁。洪之致郡，严设科防，募斩贼者便加重赏，劝农务本，盗贼止息。诛锄奸党，过为酷虐。

后为怀州刺史，封汲郡公，征拜内都大官。河西羌胡领部落反叛，显祖亲征，命洪之与侍中、东郡王陆定总统诸军。舆驾至并州，诏洪之为河西都将讨山胡。皆保险拒战，洪之筑垒于石楼南白鸡原以对之。诸将悉欲进攻。洪之乃开以大信，听其复业，胡人遂降。显祖嘉之，迁拜尚书外都大官。

后为使持节使、安南将军、秦益二州刺史。至治，设禁奸之制，有带刃行者，罪与劫同，轻重品格，各有条章。于是大飨州中豪杰长老，示之法制。乃夜密遣骑分部复诸要路，有犯禁者，辄提送州，宣告斩决，其中枉见杀害者百数。赤葩渴郎羌深居山谷，虽相羁縻，王人罕到。洪之芟山为道，广十余步，以示军行之势。乃兴军临其境，山人惊骇。洪之将数十骑至其里闾，抚其妻子，问所疾苦，因资遣之。众羌喜悦，求编课调，所入十倍于常。洪之善御戎夷，颇有威惠，而刻害之声闻于朝野。

初，洪之微时，妻张氏助洪之经营资产，自贫至贵，多所补益，有男女几十人。洪之后得刘氏，刘芳从妹。洪之钦重，而疏薄张氏，为两宅别居，偏厚刘室。由是二妻妒竞，互相讼诅，两宅母子，往来如雠。及莅西州，以刘自随。

洪之素非清廉，每多受纳。时高祖始建禄制，法禁严峻，司察所闻，无不穷究，遂锁洪之赴京。高祖临太华，庭集群官，有司奏洪之受赃狼藉，又以酷暴。高祖亲临数之，以其大臣，听在家自裁。洪之志性慷慨，多所堪忍，疹疾灸疗，艾炷围将二寸，首足十余处，一时俱下，而言笑自若，接宾不辍。及临自尽，沐浴换衣，防卒扶持，将出却入，遍绕家庭，如是再三，泣叹良久，乃卧而饮药。

始洪之托为元后兄，公私自同外戚。至此罪后，高祖乃稍对百官辨其诬假，而诸李犹善相视，恩纪如亲。洪之始见元后，纪年为兄，及珍之等至，洪之以元后素定长幼，其呼拜坐皆如家人。暮年数延携之宴饮。醉酣之后，携之时或言及本末，洪之则起而加敬，笑语自若。富贵赫奕，当舅戚之家，遂弃宗专附珍之等。后颇存振本属，而犹不显然。刘氏四子，长子神。

【译文】

李洪之，原来名叫文通，恒农人。小时候做过和尚，后来还俗。魏太武帝太平真君年间，担任狄道护军，被赐邓安阳男爵位。正碰上永昌王拓跋仁跟随太武帝南征，得到了元皇后李氏姐妹两个人，李洪之以同宗人的身份私下给李氏姐妹馈送东西，结成兄弟姐妹，于是就像真兄妹一样。李文通稍稍了解到元皇后在南方的兄弟的名字，就改名为洪之。等到拓跋仁因事被诛戮，元皇后作为罪人家属送进宫里，文成帝和她发生了关系，生下了献文帝。元皇后临死时，昭太后问起她的亲人，元皇后因此说李洪之是她的兄长。于是就和李洪之诀别了一整天，一一列出南方的各位兄长李珍之等人的名字，亲手交付给李洪之，李洪之因此而被称为献文帝的亲舅父。魏文成帝太安年间，李珍之等兄弟来到京师平城，和李洪之相见，叙说元皇后生平情况，互相计算年龄大小作为兄弟。

李洪之以皇亲国戚的身份担任河内太守,进封爵位为任城侯,仪仗和刺史完全相同。河内北边与上党相连,南面与武牢相接,地形险要居民强悍,居民中屡屡有人从事抢劫骚扰,地方长官不能禁止。李洪之到达郡中,严密地制定条律禁令,招募有人能斩杀坏人的就加以重赏,鼓励农业生产这一国家根本,于是盗贼就平息下来。但是他诛戮消灭坏人的同党,其所作所为又严酷得过分。

后来升任怀州刺史,封汲郡公,召入京城拜为内都大官。河西地区的羌胡部落反叛朝廷,献文帝亲自率军征讨,任命李洪之和侍中、东郡王陆定总管各路兵马。献文帝到达并州,下诏命令李洪之为河西都将征讨山胡。山胡都据险抵御,李洪之在石楼南边的白鸡原构筑堡垒对付山胡。部下的将领们都想发兵进攻,李洪之对山胡开诚布公,表示既往不咎。听凭他们各自重新恢复正常的生计,胡人就投降了。献文帝表示嘉奖,提升他为尚书外都大官。

后来又出任使持节、安南将军、秦益二州刺史。李洪之到达刺史治所,就制定了禁止为非作歹的制度,规定有人带刀外出行走,就和抢劫一样惩处,轻重高下的等级,各有明文规定。又为此而大设宴会,宴请州中的豪强和年长有地位的人,向他们通告法律制度。李洪之又在夜里秘密派遣骑兵分别埋伏在各条主要道路上,有触犯禁令的,就抓起来送到州里,公开宣布斩首,其中冤枉被杀的数以百计。赤葩渴郎羌居住在深山穷谷之中,朝廷虽然加以安抚,但代表朝廷的使者却很少来到。李洪之在山上砍树割草开出道路,宽十多步,让赤葩渴郎羌看着像在做进军的准备。于里发兵临近羌人的境内,山中的羌人大为惊骇,李洪之就率领几十名人马亲自到他们的聚居点去,安抚他们的妻儿,询问他们生活中的痛苦,随着就发给他们钱物。各部羌人很高兴,要求编入户籍缴纳租税,政府因此而收入比往常多出十位。李洪之善于驾驭戎人夷人,很能恩威并施,可是苛刻的名声却传遍在朝廷和民间。

起初，李洪之没有发迹的时候，妻子张氏帮着李洪之经营资产，从贫穷到富贵，张氏给了很大的帮助，生下男孩女孩近十人。李洪之后来又娶了刘氏，是刘芳的堂妹。李洪之尊重刘氏，疏远张氏，造了两所宅院分开居住，但偏重在刘氏的宅院。因此两个妻子忌妒竞争，互相责骂诅咒，两个宅院的母亲孩子，如同仇敌一样。等到李洪之到西边去出任刺史，就让刘氏跟随自己。

李洪之素来并不清廉，常常多受贿赂。当时魏孝文帝开始建立发给官吏俸禄的制度，法规禁令都很严峻，官员们侦察了解的情况，无不一一举报，因此就把李洪之锁送京城。孝文帝登太华殿，庭前聚集文武百官，有关官员启奏李洪之收受赃物，声名狼藉，又残酷暴虐。孝文帝亲自对李洪之述说他的罪行，只是由于他是大臣，所以从宽让他在家中自杀。李洪之意志高昂，能承受别人难以承受的事情，得了病要用灸法治疗，用以治疗的艾炷周围有近二寸长，从头到脚要烧灼十多处，同时点上火，李洪之仍然谈笑像平时一样，接待宾客并不中断。等到面临自尽，洗澡换好衣服，防范他的士兵两边挟持着，他已经要出去自尽又退了回来，围着家里的院子绕一圈，像这样有好几次，哭泣叹息了好久，这才躺下服毒。

开始李洪之假托是元后的兄长，无论公私对待他自然都等同于皇亲国戚。及至犯罪赐死以后，孝文帝就稍稍对文武百官说明他的假冒，但对其他李姓诸人还是很好地对待，恩情如同亲舅家一样。李洪之开始见到元皇后，计算年龄应当是兄长。等到李珍之等人来到北方以后，李洪之由于元皇后早已和他确定了兄妹关系，所以对李珍之等人的称呼拜座都像一家人。晚年多次邀请李携之设宴饮酒，酣饮喝醉以后，李携之有时 会说出事情的来龙去脉，李洪之则并不恼怒，站起身表现得更加恭敬，带着笑说话和平时一样。由于富贵显赫，相当于皇亲国舅，所以就丢弃自己的宗族而专门依附李珍之等人。后来也很想保存和振兴原来的宗族，但还是并不明显。他的妻子刘氏四个儿子，长子李神。

张赦提传

——《魏书》卷八九

【原文】

张赦提，中山安喜人也。性雄武，有规画。初为虎贲中郎。有京畿盗魁自称豹子、虎子，并善弓马，遂领逃连及诸畜牧者，各为部帅，于灵丘、雁门间聚为劫害，至乃斩人首射其口，刺人脐引肠绕树而共射之以为戏笑。其为暴酷如此。军骑掩㨝，久弗能获，行者患焉。赦提设防遏穷追之计，宰司善之，以赦提为逐贼军将。乃求骁勇追之，未几而获虎子、豹子及其党与，尽送京师，斩于阙下，自是清静。其灵丘罗思祖宗门豪溢，家处隘险，多止亡命，与之为劫。显祖怒之，孥戮其家，而思祖家党，相率寇盗。赦提应募求捕逐，乃以赦提为游缴将军，前后禽获，杀之略尽，因而滥有屠害，尤为忍酷。既资前称，又藉此功。除冠军将军、幽州刺史，假安喜侯。赦提克已厉约，遂有清称。后颇纵妻段氏，多有受纳，令僧尼因事通请，贪虐流闻。中散李真香出使幽州，采访牧守政绩。真香案其罪，赦提惧死欲逃。其妻姑为太尉、东阳王丕妻，恃丕亲贵，自许诣丕申诉求助，谓赦提曰："当为诉理，幸得申雪，愿且宽忧，不为异计。"赦提以此差自解慰。段乃陈列真香昔因假而过幽州，知赦提有好牛，从索不果。今台使心协前事，故威逼部下，拷楚过极，横以无辜，证成诬罪。执事恐有不尽，使驾部令赵秦州重往究讯，事伏如前，处赦提大辟。高祖诏赐死于第。将就尽，召妻而责曰："贪浊秽吾者卿也，又安吾而不得免祸，九泉之下当为仇雠矣。"

又有华山太守赵霸，酷暴非理。大使崔光奏霸云："不遵宪度，威虐任情，至乃手击吏人，僚属奔走。不可以君人字下，纳之轨物，辄禁止在州。"诏免所居官。

【译文】

张赦提，中山安喜人。性格雄豪尚武，但又善于谋划。起初任虎贲中郎。当时京城附近的强盗头子自称为豹子、虎子，都善于骑马射箭，就率领一伙逃亡者和放牧人，各人都当上了首领，在灵丘、雁门之间聚众抢劫，甚至于砍下人的脑袋而把嘴巴当作箭靶，刺人肚脐拉出肠子绕在树上而一起向被害人射箭，把这种举动作为玩笑取乐。他们的暴虐残酷就是这样。朝廷派军马暗中搜捕，很久也不能抓获，道路上来往的人都感到害怕。张赦提设下了防止遏制和追查穷寇的计策，地方长官认为很好，任命张赦提为逐贼军将。张赦提就寻求骁勇的武士追捕这伙人，不多久就抓获了虎子、豹子和他们的同党，全部解送到京城，在宫殿前面斩首，从此这一带地方才得以安定。其中灵丘的罗思祖家族豪横骄盈，家里的庄园位于险隘之处，招纳收容了很多亡命之徒，和他们一起抢劫。魏献文帝听说以后大为生气，把他全家有的诛杀，有的投入官府为奴，但罗思祖家的那帮同伙，又接连出来劫掠偷盗。张赦提应征要求去追捕，于是就任命他为游徼军将，前后所抓获的人，几乎全被杀完。张赦提借着捕盗的名义滥杀无辜，尤其残忍酷虐。由于已经有了以前的名声，又凭借了这一回的功绩，为朝廷授予冠军将军、幽州刺史，假安喜侯。

张赦提对待自己严格俭约，于是就有清廉的称誉。后来却对妻子段氏相当放任，收受贿赂很多，行贿者常常让和尚、尼姑借着别的事由通禀请求，所以张赦提声誉大坏，贪婪暴虐之名四处流传。中散大夫李香真出使幽州，采集访查地方长官的政绩。李真香查明张赦提的罪行，张赦提害怕处死，想逃走。他妻子的姑母是太尉、东阳王元丕的妻子，仗着元丕是皇族而又显贵，自告奋勇到元丕那里去申诉请求帮助。她对张赫提说：“我给你去申诉，希望能够得到无罪昭雪，但愿你暂时把忧虑放下，不要想别的念头。”张赦提因此而稍稍得到宽解安慰。段氏就向元丕陈说李真香过去曾经在假期中路过幽州，知道张赦提养有好牛，向张赦提索取但没有如愿。现在作为政府的使者对以前的事情怀恨在心，所以威逼部下，用刑拷打使人不能忍受，硬把无辜的人罗织诬陷成罪。主管人员恐怕段氏所说的情况不确，让驾部令赵秦州重新前去审讯，审讯结果口供同以前一样，判处张赦提斩刑。魏孝文帝下诏让他在家里自杀。自杀之前，张赦提把妻子叫来责骂说："用贪污来弄脏我的就是你，又让我宽心不要逃走至于不能免去灾祸，在九泉之下我就变成你的仇人了。"

又有华山太守赵霸，残酷暴虐超越常理。大使崔先参奏他说："不遵守法度，作威作福但凭心意，甚至于动手殴打官吏，僚属因此奔逃。这样的人不能统治百姓爱护下级，把他纳入法度准则之中，应当立即禁止再在州里。"朝廷下诏免去了赵霸的华山太守。

崔暹传

——《魏书》卷八九

【原文】

崔暹，字元钦，本云清河东武城人也。世家于荥阳、颍川间。性猛酷，少仁恕，奸猾好利，能事势家。初以秀才累迁南兖州刺史，盗用官瓦，赃污狼藉，为御史中尉李平所纠，免官。后行豫州事，寻即真。坐遣子析户，分隶三县，广占田宅，藏匿官奴，障吝陂苇，侵盗公私，为御史中尉王显所弹，免官。后累迁平北将军、瀛州刺史，贪暴安忍，民庶患之。尝出猎州北，单骑至于民村，井有汲水妇人，暹令饮马，因问曰："崔瀛州何如？"妇人不知其为暹也，答曰："百姓何罪，得如此癞儿刺史！"暹默然而去。以不称职被解还京。武川镇反，诏暹为都督，隶大都督李崇讨之。违崇节度，为贼所败，单骑潜还，禁于廷尉。以女妓、园田货元叉，获免。建义初遇害于河阴。赠司徒公、冀州刺史，追封武津县公。

子瓒，字绍珍。位兼尚书左丞，卒。瓒妻，庄帝妹也，后封襄城长公主，故特赠瓒冀州刺史。子茂，字祖昂，袭祖爵。

【译文】

崔暹，字元钦，原籍据说是清河东武城人，世代家住在荥阳、颍川之间，性情猛烈残酷，很少对人仁爱宽恕，又奸滑而唯利是图，能趋附有权有势的人家。起初以秀才的身份连续升迁到南兖州刺史，把公家的屋瓦据为己有，贪污赃物，声名狼藉，被御史中尉李平所举发，免官。后来代理豫州刺史，不久就实授这一官职。他让儿子分散户口，分别隶属在三个县中，大肆侵占田地住宅，藏匿公家的奴隶，贪婪地把池塘苇地圈起来作为私产，侵吞盗窃公私财物，被御史中尉王显弹劾，又被免官。后来又连续升为平北将军、瀛州刺史，做官时贪污暴虐，习于残忍，百姓都对他感到害怕。他有一次到州城北边打猎，一个人骑着马到村子里。村里井边有一个妇女在打水，崔暹就让她饮马，借着机会问："崔瀛州这个人怎么样？"这个妇女不知道他是崔暹，回答说："不知百姓有什么罪过，碰上了这浑身长疮的刺史！"崔暹一言不发就走开了。后来由于不称职而被押送回京城。武川镇将士造反，下诏任命崔暹为都督，隶属于大都督李崇，前去讨伐。崔暹违背李崇的指挥调度，被敌人打败，一个人偷偷逃回来。朝廷命把他关在廷尉监狱里，他又用伎女、庄园、田地等贿赂掌握大权的元叉，因此得以免于治罪。孝庄帝建义年间，尔朱荣造反，大杀文武官员，崔暹也在河阴被杀。追赠为司徒公、冀州刺史，追封为武津县公。

崔暹的儿子崔瓒，字绍珍，官至兼尚书左丞，去世。崔瓒的妻子是孝庄帝的妹妹，后来封为襄城长公主，所以特别封赠崔瓒为冀州刺史。崔赞的儿子崔茂，字祖昂、继承祖父的爵位。

逸士传

——《魏书》卷九〇

【原文】

盖兼济独善，显晦之殊，其事不同，由来久矣，昔夷齐获全於周武，华裔不容於太公，何哉？求其心者，许以激贪之用；督其迹者，以为束教之风。而肥遁不反，代有人矣。夷情得丧，忘怀累有。比夫迈德弘道，匡俗庇民，可得而小，不可得而忽也。自叔世浇浮，淳风殆尽，锥刀之末，竞入成群，而能冥心物表，介然离俗，望古独适，求友千龄，亦异人矣。何必御霞乘云而追日月，穷极天地，始为超远哉，今录眭夸等为《逸士传》。

眭夸，一名昶，赵郡高邑人也。祖迈，晋东海王越军谋掾，后投石勒为徐州刺史。父邃，字怀道，慕容宝中书令。夸少有大度，不拘小节。耽志书传，未曾以世务经心。好饮酒，浩然物表。年二十遭父丧，须鬓至白，每一悲哭，闻者为之流涕。高尚不仕，寄情丘壑。同郡李顺愿与之交，夸拒而不许。邦国少长莫不惮之。

少与崔浩为莫逆之交。浩为司徒，奏徵为其中郎，辞疾不赴。州郡逼遣，不得已，入京都。与浩相见，延留数日，惟饮酒谈叙平生，不及世利。浩每欲论屈之，竟不能发言。其见敬惮如此。浩后遂投诏书於夸怀，亦不开口。夸曰："桃简，卿已为司徒，何足以此劳国士也。吾便於此将别。"桃简，浩小名也。浩虑夸即还，时乘一骡，更无兼骑，浩乃以夸骡内之厩中，冀相维絷。夸遂托乡人输租者，谬为御车，乃得出关。浩知而叹曰："眭夸独行士，本不应以小职辱之。又使其人仗策复路，吾当何辞以谢也。"时朝法甚峻，夸既私还，将有私归之咎。浩仍相左右，始得无坐。经年，送夸本骡，兼遗以所乘马。为书谢之。夸更不受其骡马,亦不复书。及浩诛,为之素服,受乡人吊唁,经一时乃止,叹曰:“崔公既死,谁能更容眭夸!”遂作《朋友篇》,辞义为时人所称。

妇父钜鹿魏攀,当时名达之士,未尝备婿之礼,情同朋好。或人谓夸曰:“吾闻有大才者必居贵仕,子何独在桑榆乎?”遂著《知命论》以释之。年七十五卒。葬日,赴会者如市。无子。

冯亮,字灵通,南阳人,萧衍平北将军蔡道恭之甥也。少博览诸书,又笃好佛理。随道恭至义阳,会中山王英平义阳而获焉。英素闻其名,以礼待接。亮性清净,至洛,隐居崧高,感英之德,以时展勤。及英亡。亮奔赴,尽其哀恸。

世宗尝召以为羽林监,领中书舍人,将令侍讲《十地》诸经,固辞不拜。又欲使衣帻入见,亮苦求以幅巾就朝,遂不强逼。还山数年,与僧徒礼诵为业,蔬食饮水,有终焉之志。会逆人王敞事发,连山中沙门,而亮被执赴尚书省,十余日,诏特免雪。亮不敢还山,遂寓居景明寺。敕给衣食及其从者数人。后思其旧居,复还山室。亮既雅爱山水,又兼巧思,结架岩林,甚得栖游之适,颇以此闻。世宗给其工力,令与沙门统僧暹、河南尹甄琛等,周视崧高形胜之处,遂造闲居佛寺。林泉既奇,营制又美,曲尽山居之妙。亮时出京师。延昌二年冬,因遇笃疾,世宗敕以马舆送令还山,居崧高道场寺。数日而卒。诏赠帛二百匹,以供凶事。遗兄子综,敛以衣巾帽,左手持板,右手执《孝经》一卷,置尸盘石上,去人数里外。积十余日,乃焚於山。以灰烬处,起佛塔经藏。

初,亮以盛冬丧,时连日骤雪,穷山荒涧,鸟兽饥窘,僵尸山野,无所防护。时寿春道人惠需,每旦往看其尸,拂去尘霰。禽虫之迹,交横左右,而初无侵毁,衣服如本,惟风吹帽巾。又以亮识旧南方法师信大栗十枚,言期之将来十地果报,开亮手以置把中。经宿,乃为虫鸟盗食,皮壳在地,而亦不伤肌体。焚燎之日,有素雾蓊郁,回绕其傍,自地属天,弥朝不绝。山中道俗营助者百余人,莫不异焉。

李谧，字永和，赵郡人，相州刺史安世之子。少好学，博通诸经，周览百氏。初师事小学博士孔璠。数年后，璠还就谧请业。同门生为之语曰："青成蓝，蓝谢青，师何常，在明经。"谧以公子徵拜著作佐郎，辞以授弟郁，诏许之。州再举秀才，公府二辟，并不就。惟以琴书为业，有绝世之心。览《考工记》《大戴礼盛德篇》，以明堂之制不同，遂著《明堂制度论》。

谧不饮酒，好音律，爱乐山水，高尚之情，长而弥固，一遇其赏，悠而忘归，乃作《神士赋》，歌曰："周孔重儒教，庄老贵无为。二途虽如异，一是买声儿。生乎意不惬，死名用何施。可心聊自乐，终不为人移。脱寻余志者，陶然正若斯。"延昌四年卒，年三十二，遐迩悼惜之。

其年，四门小学博士孔璠等学官四十五人上书曰："窃见故处士赵郡李谧：十岁丧父，哀号罢邻人之相；幼事兄玚，恭顺尽友于之诚。十三通《孝经》《论语》《毛诗》《尚书》，历数之术尤尽其长，州闾乡党有神童之号。年十八，诣学受业，时博士即孔璠也。览始要终，论端究绪，授者无不欣其言矣。於是鸠集诸经，广校同异，比三传事例，名《春秋从林》，十有二卷，为璠等判析隐伏，垂盈百条。滞无常滞，纤毫必举；通不长通，有枉斯屈。不苟言以违经，弗饰辞而背理。辞气磊落，观者忘疲。每曰：'丈夫拥书万卷，何假南面百城。'遂绝迹下帏，杜门却扫，弃产营书，手自删削，卷无重复者四千有余矣。犹括次专家，搜比说议，隆冬达曙，盛暑通宵。虽仲舒不窥园，君伯之闭户，高氏之遗漂，张生之忘食，方之斯人，未足为喻。谧尝诣故太常卿刘芳推问音义，语及中代兴废之由，芳乃叹曰：'君若遇高祖，侍中、太常非仆有也。'前河南尹、黄门侍郎甄琛内赞近机，朝野倾目，于时亲识求官者，答云：'赵郡李谧，耽学守道，不闷于时，常欲致言，但未有次耳。诸君何为轻自媒炫？'谓其子曰：'昔郑玄、卢植不远数千里诣扶风马融，今汝明师甚迩，何不就业也？'又谓朝士曰：'甄琛行不愧时，但未荐李谧，以此负朝廷耳。'又结宇依岩，凭崖凿室，方欲训彼青衿，宣扬坟典，冀西河之教重兴、北海之风不坠。而佑善空闻，暴疾而卒。邦国衔殄悴之哀，儒生结摧梁之慕。况璠等或服议下风，或亲承音旨，师儒之义，其可默乎！”事奏，诏曰：“谧屡辞徵辟，志守冲素，儒隐之操，深可嘉美，可远傍惠、康，近准玄晏，谥曰贞静处士，并表其门闾，以旌高节。”遣谒奉册，於是表其门曰文德，里曰孝义云。

郑修，北海人也。少隐於岐南几谷中，依岩结宇，独处淡然，屏迹人事，不交世俗，耕食水饮，皮冠草服，雅好经史，专意玄门。前后州将，每徵不至。岐州刺史魏兰根频遣致命，修不得已，暂出见兰根，寻还山舍，兰根申表荐修，肃宗诏付雍州刺史萧宝夤访实以闻。会宝夤作逆，事不行。

【译文】

兼济天下和独善其身之间有着明显的区别。由于人们所从事的事业不同，这种区别由来已久。早先伯夷、叔齐在周武王的时代得以保全自己的名节，华嶓却不容于太公，这是为什么呢？寻求恬淡之心的做法，可以有激励贪婪之人的作用，督责人的行为轨迹，是用来形成良好的社会风气。然而避世隐居的人，每个朝代都有。平静地对待成功与失败，也不介意有无危难与过失。像这样提倡德行，发扬正义，匡正风俗，庇护人民，可以稍少一点，但不能够忽视它。近代以来民风浮薄，良好淳厚的社会风尚荡然无存，针尖大的地方，也有成群的人涌入，而能潜心于世事之外，超然脱俗，向往古人、行为超迈的人，也就不是凡人了。为什么一定要腾云驾雾、遨游天地之间，才算是超脱呢？现在记录眭夸等人的事迹作为《逸士传》。

眭夸，又名昶，是赵郡高邑县人。祖父名迈，是晋朝东海王所率军队中的参谋副官，后投奔石勒当了徐州刺史。父亲名邃，字怀道，是慕容宝的中书令。眭跨年轻时就很大度，不拘小节。专好读书，世俗事务不放在心上，喜欢喝酒，超然于世事之外。二十岁时父亲去世，以至于鬓发全白，每一次恸哭，听到的人都会感动得流泪。情怀高尚，不步仕途，将自己的情志寄托在自然山水之间。同郡的李顺愿意结交他，然而眭夸拒绝了，不同意。地方上年轻年长的没有不敬畏他的。

年轻时和崔浩成了莫逆之交。崔浩担任司徒一职，进言要皇上征召眭夸作自己的中郎,然而眭夸借口自己有病推辞了。州郡的官员仍然逼他就职,迫不得已,他才到了京城。和崔浩相见后,逗留了好几天,只喝酒叙谈平生琐事,不涉及社会上的各种利害关系。崔浩每每想驳倒他,最后终于没能说出来。他让人敬畏就像这样。后来崔浩把诏书扔到眭夸的怀里,也不说话。眭夸说:"桃简,你已经是司徒了,为什么还要用当官来烦我呢?我现在要告辞了。"桃简是崔浩的小名。崔浩想到眭夸就要回去了,来时只骑了一匹骡子,没有其他的坐骑,于是把眭夸的骡子藏到马圈中,希望以此来留下眭夸。眭夸托运租的乡下人弄了一辆车,谎称是御车,才逃出关。崔浩知道了叹息说:"眭夸是独来独往的人,本来不该用小小的职务去侮辱他。使他赶着车子回去,我将怎么说才能道歉呢?"当时的朝廷法律严峻,眭夸既然是偷偷回去的,就有私归之罪。崔浩仍辅佐在君王左右,才得以不受牵连。又过了些年,送还眭夸的骡子,并把自己的坐骑赠送给他,写了一封信表示歉意。然而眭夸不接受他的骡马,也不回信。崔浩被杀以后,眭夸为他穿素服,接受乡里人的吊唁,过了一段时间才结束。叹息道:"崔公已经死了,谁还能容得下我眭夸!"作《朋友篇》一文,篇中的文辞为当时人所称赞。

妻子的父亲钜鹿人魏攀也是当时的知名人士。和眭夸不曾以翁婿对待,感情如同好朋友一般。有人对眭夸说:"我听说有大才的人一定会取得高官厚禄,为什么你偏偏在乡下民间呢?"于是眭夸作了《知命论》一文,予以解释。七十五岁时去世。安葬的那天,送葬的人像赶集一样。身后无子。

冯亮,字灵通,南阳人,是梁武帝萧衍平北将军蔡道恭的外甥。从小博览群书,又特别爱好佛理。随着道恭到了义阳,碰上中山王元英平定并攻占了义阳。元英早就听说了他的大名,以尊敬的态度对待他。冯亮生性爱清静,到了洛阳一带,隐居在嵩山。为答谢元英的礼遇,经常表示自己的殷勤。元英去世时,冯亮为他奔丧,极力表示了自己的哀恸。

世宗曾下诏任命他为羽林监,兼中书舍人,等他给皇上讲解《十地》等佛经,他坚决推辞了,没有接受任命。又让他朝服朝冠、穿戴整齐地入见皇上。

他却苦苦要求以普通服装入朝觐见，于是皇上也就不再强迫他。回到山里很多年，以与佛教徒们诵经学佛为事业，吃粗食喝冷水，有终老山林的志愿。碰巧王敞叛乱，牵连到山里的僧人，冯亮也被抓起来交付尚书省，十多天后，皇上特别下诏免除其罪。冯亮不敢再回山里，于是客居在景明寺。皇上敕给他衣服食物和几名随从人员。后来因为想念老房子又回到了山里。冯亮不但酷爱山水，而且构思巧妙，在深山老林中盖房子，深得游玩的奥秘，并且也很舒适，很多人都听说了这一点。世宗给他提供人力，命令他和和尚统领僧暹、河南官员甄琛等遍考嵩高地区风景地貌，以便建造精舍和佛寺。这里风景既已奇特，建造又很精美，竭尽山居的美妙。冯亮时常出入京城。延昌二年冬季，因为生了重病，世宗还送给他马车，让人把他送回山里，住在嵩高道场寺，过了几天死去了。皇上下诏赠送他布帛二百匹，以备办他的丧事，留下遗嘱告诉他哥哥的儿子冯综，说给他装殓要穿布衣戴便帽，左手拿着一块板，右手拿着一卷《孝经》，把尸体放在离人几里外的大石头上，过十多天，才在山里焚毁。在尸体焚毁烧成灰烬的地方，盖一座佛塔，收藏佛经。

冯亮是在隆冬去世的，当时连日大雪，山坡上溪水边都是光秃秃的，满山遍野都是饿死的鸟兽，连它们都无法抵御严寒。当时有一个寿春地区的道人名叫惠需的，每天早晨都去看护他的尸体，拂去灰尘和露珠。鸟兽爬虫的印迹交叉地印在尸体周围的地上，但是一点儿也没有侵犯毁坏尸体，衣服还像原来的样子，只有风吹动着便帽。又因为冯亮的旧友、一位南方的法师托人带来十个大栗子，说希望将来在佛教修行的十种境地里得到好的报应，惠需掰开冯亮的手把十个栗子放在他的手掌中，过了一夜，就被虫子和鸟偷吃了，皮壳扔在地下，然而没有伤着冯亮的肌肤。尸体焚毁的那天，有白雾笼罩，盘旋在旁边，从地下腾起一直连向天空，一早晨都没有散尽。山中佛徒、道士及前来帮助焚尸的平民百姓一百多人，没有一个人不感到惊讶。

李谧，字永和，赵郡人，是相州刺史李安世的儿子。年轻好学，各种典籍都很精通，诸子百家也都读过。开始是跟着小学博士孔璠学习，几年后，孔播反过来向李谧求教。同门师兄弟说:“青出于蓝,蓝不如青。老师不总是老师,关键在通晓典籍。”皇上以公子的名义征召他,任命他为著作佐郎,他以要教弟弟李郁学习为理由谢绝了,皇上也同意了他的请求。地方上再次推举优秀人才,官员们两次推荐他,他都没有答应,只以抚琴写书为事业,有和社会断绝往来的想法。浏览了《考工记》《大戴礼·盛德篇》,因为它们记录古代天子宣明政教的地方及礼仪制度有不同,于是写了《明堂制度论》一文。

李谧不喝酒,喜欢音乐,热爱自然山水,这种高尚的情操,随着他年龄的增长而更加坚固。一到了喜爱欣赏的地方,就乐而忘返。于是作《神士赋》一文,唱道:“周公孔子重视儒教,庄周老子看重无为。二种途径虽然不同,但都是为了取得好名声。活着时如不惬意,死了后名声又有什么用。满足自己的心愿,自己让自己高兴,终究不会被人改变。假如寻求我的志向,高高兴兴已达目的。”延昌四年去世,时年三十二岁,远近的人民都悼念他并为他惋惜。

那一年,四门博士之一小学博士孔璠等四十五人给皇上上书说:“我们看见过去的隐士赵郡李谧是这样的情况:十岁死了父亲,哀号恸哭,使邻居都为之神伤。幼年事奉哥李瑒,极其恭顺友爱。十三岁通晓《孝经》《论语》《毛诗》《尚书》,对于天文历数尤其擅长,在乡间邻里有神童之称。十八岁,到学校正式从师授业,当时的老师就是博士孔璠。从开头浏览,到最后进行归纳总结,探究事物的开端并且往往追本溯源,教他的老师听了他的话没有一个不高兴的。于是他搜集各种经典,广泛地校正它们的异同,依据《春秋》之传的体例,作了《春秋丛林》一书,共十二卷。条分缕析,为我们阐明了很多隐蔽的思想。阻碍不会总是阻碍,有一点不通一定指出。讲得通也不一定永远讲得通,有一点误解也就讲不通了,不随便说话而违背经典原意,不强词夺理而违背事物常理。文辞气势磊落,读者往往忘记了疲劳。他常说:‘大丈夫拥有万卷图书,不必要借助统治者的力量。’于是不再教书,闭门谢客,放弃家产,专门着手书籍整理,亲手删定四千余种而没有重复,并且搜求、排列各家学说和街谈巷议,从隆冬到盛夏,从黎明到半夜,即使仲舒无暇窥园，君伯闭门谢客，高氏遗忘漂洗之物，张生忘记吃饭，他们的行为都不能和李谧相提并论。李谧曾到已故太常卿刘芳那儿请教音义问题，谈话涉及中代兴废的原因。刘芳叹息说：'您如果遇到汉高祖，侍中、太常这些官职就不是我的了。'前河南尹、黄门侍郎甄琛身为皇上近臣，朝野都刮目相待，当时亲自接见来求官的人，说：'赵郡人李谧，好学而坚持正义，关心时事，常常想发表政见，但始终没有造次。你们这些人为什么轻易就自我炫耀呢？'对他的儿子说：'过去郑玄、卢植不远千里到扶风去跟随马融研习经籍，现在你的老师也在远方，为什么不到那儿去跟他学习呢？'又对朝中官员说：'我甄琛的行为对于我们所处的时代来说毫不惭愧，但是因为没有推荐李谧，所以有负于朝廷。'又依山建房，临崖盖屋，正要想从事教育教导学生，宣扬经典教义，希望黄河流域的清淳教化重新兴盛，北方纯朴的社会风气不致湮灭。然而这种良好的愿望刚刚听说，他就得了暴病死去了。国家地方满含着悲痛，学士儒生的心里郁结着无限的思念之情。何况我孔璠等人有些同意他的观点主张，有些聆听过他的教诲，我们之间有这种情义，怎么可以保持沉默呢？"事情说完后，皇上下诏书说："李谧多次谢绝了我的征召，笃志于淡泊自守，清净无为。儒学隐者的情操，实在应该褒奖。可以比方着惠、康、玄晏等人的情况，追封他为贞静处士，并且在他的家乡树立牌坊，以表彰他的高尚情操。"派遣掌管晋见的大臣捧着文书，当即赐给他的家门文德封号，居住的地方叫作孝义里。

郑修，北海郡人。年轻时隐居在岐山南面的山谷中，依山建房，独来独往，淡泊恬然。谢绝外人来访，也不结交世俗凡人，耕田而食，粗茶淡饭，衣冠随便。但特别喜好经籍史书，尤其着意于清谈玄学。前后几任州官征召他，他都不出来。岐州刺史魏兰根多次派人传达命令，郑修不得已，暂时出来见见魏兰根，不久又回到山里去了。魏兰根向皇上上书推荐郑修，肃宗下诏让雍州刺史肖宝夤访问实情后汇报上去，恰好碰上肖宝夤政变，这件事情没有进行。

晁崇传

——《魏书》卷九一

【原文】

晁崇,字子业,辽东襄平人也。家世史官。崇善天文术数,知名于时。为慕容垂太史郎。从慕容宝败于参合,获崇,后乃赦之。太祖爱其伎术,甚见亲待。从平中原,拜太史令,诏崇造浑仪,历象日月星辰。迁中书侍郎,令如故。天兴五年,月晕,左角蚀将尽,崇奏曰:"占为角虫将死。"时太祖既克姚平于柴壁,以崇言之征,遂命诸军焚车而反。牛果大疫,舆驾所乘巨犗数百头亦同日毙于路侧,自余首尾相继。是岁,天下之牛死者十七八,麋鹿亦多死。

崇弟懿,明辩而才不及崇也。以善北人语内侍左右,为黄门侍郎,兄弟并显。懿好矜容仪,被服僭度,言音类太祖。左右每闻其声,莫不惊竦。太祖知而恶之。后其家奴告崇与懿叛,又与亡臣王次多潜通,招引姚兴,太祖衔之。及兴寇平阳,车驾击破之。太祖以奴言为实,还次晋阳,执崇兄弟并赐死。

【译文】

晁崇,字子业,辽东襄平人。他的祖辈世代出任史官。晁崇擅长天文、历法和占卜等学问,在当时享有盛名。他曾任后燕慕容垂的太史郎。晁崇跟随后燕太子慕容宝征战时,在参合坡为北魏军大败,并被俘获,后来得到赦免。北魏道武帝拓跋珪十分赏识他的才学和技能,宠爱备至。此后,晁崇跟随道武帝平定中原,官拜太史令。道武帝并下诏令他制造浑天仪,且根据日月星辰的运行情况制定历法。在他被升为中书侍郎后,乃就继续从事制造浑天仪和修订历制的工作。北魏天兴五年(公元402年)十月,发生了月晕现象,月亮的左角快要被光气完全遮住了,晁崇急忙上奏道:“依星占的说法,这种天象预示着长有犄角的动物将要死亡。”当时,太祖道武帝统领北魏大军已经在柴壁打败了姚平,因为晁崇陈明出现了不祥的天象征兆,于是命令全军焚烧战车,班师回朝。果然,很快就发生了大范围的牛瘟,军中几百头驾车的巨大的被阉割过的牛,在一天之内都死在了路旁,首尾相援,一个挨着一个。这一年,天下十分之七八的牛都死掉了,而且还死了很多麋鹿。

晁崇的弟弟晁懿,聪明善辩,但才智不如晁崇。由于他北方话讲得好,因而在宫廷内以供听使,作了黄门侍郎,兄弟二人的地位都很显赫。晁懿喜欢修饰仪表容貌,威严有余,穿着服饰常超越他的级别,而且讲话的声音非常像太祖。身边的人每当听到他的声音,都吓得浑身发抖。道武帝得知此事后,对他极为厌恶。后来,晁家的家奴告发晁崇与晁懿兄弟二人密谋反叛,并且与亡臣王次多秘密串通,又与姚兴相互勾结,使得武帝对他们日生不满。恰恰到天兴五年的时候,姚兴寇边,攻击平阳,道武帝亲自统兵大破了姚军。太祖拓跋珪这时才觉得,晁家家奴先前对晁崇兄弟二人的告发应该属实,于是回到晋阳后,将晁崇与晁懿一并拘执,赐了死罪。

孙僧化传

——《魏书》卷九一

【原文】

(孙)僧化者,东莞人。识星分,案天占以言灾异,时有所中。普泰中,尒朱世隆恶其多言,遂系于廷尉,免官。永熙中,出帝召僧化与中散大夫孙安都共撰兵法,未就而帝入关,遂罢。元象中死于晋阳。

【译文】

孙僧化,东莞人。认识星宿名分,依照天象占卜以讲述灾祸变异,时常有所应验。普泰(531－532)中,尒朱世隆嫌他多言,因而将其囚禁于掌管刑罚的廷尉处,免去官职。北魏永熙(532－534)年间,出帝元修(9 4 4－946)召见孙僧化和中散大夫孙安都,让他们共同撰写兵法,未等写完而元修入关,于是停写。东魏元象(538－539)中,孙僧化死于晋阳(今山西太原市南)

。

江式传

——《魏书》卷九一

【原文】

江式，字法安，陈留济阳人。六世祖琼，字孟琚，晋冯翊太守，善虫篆、训估。永嘉大乱，琼弃官西投张轨，子内因居凉土，世传家业。祖强，字文威，太延五年，凉州平，内徙代京。上书三十馀法，各有体例，又献经史诸子千馀卷，由是擢拜中书博士。卒，赠敦煌太守。父绍兴，高允奏为秘书郎，掌国史二十馀年，以谨厚称。卒于赵郡太守。

式少专家学。教年之中，常攀两人时相教授，乃寤，每有记识。初拜司徒长兼行参军、检校御史，寻除殄寇将军、符节令。以书文昭太后尊号谥册，特除奉朝请，仍符节令。式篆体尤工，洛京宫殿诸门板题，皆式书也。

延昌三年三月，式上表曰：

臣闻庖羲氏作而八卦列其画，轩辕氏兴而龟策彰其彩。古史仓颉览二象之爻，观鸟兽之迹，别创文字，以代结绳，用书契以维事。宣之王庭，则百工以叙；载之方册，则万品以明。迄于三代，厥体颇异，虽依类取制，未能悉殊仓氏矣。故《周礼》八岁放入小学，保氏教国子以六书：一曰指事，二曰象形，三曰谐声，四曰会意，五曰转注，六曰假借。盖是史颉之遗法也。及宣王太史史籀著《大篆》十五篇，与古文或同或异，时人即谓之“楷书”。至孔子定《六经》，左丘明述《春秋》，皆以古文，厥意可得而言。

其后七国殊轨，文字乖别，暨秦兼天下，丞相李斯乃奏蠲罢不合秦文者。斯作《仓颉篇》，中车府令赵高作《爰历篇》，太史令胡毋敬作《博学篇》，皆取史籀大篆，或颇省改，所谓小篆者也。于是秦烧经书、涤除旧典，官狱繁多，以趣约易，始用隶书。古文由此息矣。击书者，始皇使下杜人程邈附于小篆所作也，以邈徒隶，即谓之隶书。故书有八体：一曰大篆，二曰小篆，三曰刻符书，四曰虫书，五曰摹印，六曰署书，七曰殳书，八曰隶书。

汉兴，有尉律学，复教以籀书，又习八体，试之课最，以为尚书史。吏民上书，省字不正，辄举劾焉，又有草书，莫知谁始，考其书形，虽无厥谊，亦是一时之变通也。孝宣时，召通《仓颉》读者，独张敞从之受。凉州刺史杜邺、沛人爰礼，讲学大夫秦近亦能言之。孝平时，征礼等百馀人说文字于未央宫中，以礼为小学元士。黄门侍郎扬雄采以作《训纂篇》。及亡新居摄，自以应运制作，使大司空甄丰校文学之部，颇改定古文。时有六书：一曰古文，孔子壁中书也；二曰奇字，即古文而异者；三曰篆书，云小篆也；四曰佐书，秦隶书也；五曰缪篆，所以摹印也；六曰鸟书，所以幡信也。壁中书者，鲁恭王坏孔子宅而得《礼》《尚书》《春秋》《论语》《孝经》也。又北平侯张仓献《春秋左氏传》，书体与孔氏相类，即前代之古文矣。

后汉郎中扶风曹喜号曰工篆，小异斯法，而甚精巧，自是后学皆其法也。又诏侍中贾逵修理旧文。殊艺异术，王教一端，苟有可以加于国者，靡不悉集。逵即汝南许慎古文学之师也。后慎嗟时人之好奇，叹儒俗之穿凿，惋文毁于誉，痛字败于訾，更诡任情，变乱于世，故撰《说字解字》十五篇，首一终亥，各有部属，包括六艺群书之诂，评释百氏诸子之训，天地、山川、草木、鸟兽、昆虫、杂物、奇怪珍异、王制礼仪、世间人事莫不毕载。可谓类聚群分，杂而不越，文质彬彬，最可得而论也。左中郎将陈留蔡邕采李斯、曹喜之法为古今杂形，诏于太学立石碑，刊载《五经》，题书楷法，多是邕书也。后开鸿都，书画奇能莫不云集，于时诸方献篆无出邕者。

魏初博士清河张揖著《埤雅》《广雅》《古今字诂》，究诸《埤》《广》，缀拾遗漏，增长事类，抑亦于文为益者。然其《字诂》，方之许慎篇，古今体用，或得或失矣。陈留邯郸淳，亦与揖同时，博古开艺，特善《仓》《雅》，许氏字指，八体六书，精究闲理，有名于揖，以书教诸皇子。又建《三字石经》于汉碑之西，其文蔚炳，三体复宣。校之《说文》、篆隶大同，而古字少异。又有京兆韦诞、河东卫觊二家，并号能篆。当时台观榜题、宝器之铭，悉是诞书，咸传之子孙，世称其妙。

晋世义阳王典祠令任城吕忱表上《字林》六卷，寻其况趣，附托许慎《说文》，而案偶章句，隐别古籀奇惑之字，文得正隶，不差篆意也。忱弟静别放故左校令李登《声类》之法，作《韵集》五卷，宫商角徵羽各为一篇，而文字与兄便是鲁卫，音读楚、夏，时有不同。

皇魏承百王之季，给五运之绪，世易风移，文字改变，篆形谬错，隶体失真，俗学鄙习，复加虚巧，谈辩之士，又以意说，炫惑于时，难以厘改。故传曰，以众非，非行正。信哉得之于斯情矣。乃曰追来为归，巧言为辩，小兔为𪓰，神虫为蚕，如斯甚众，皆不合孔氏古书、史楷大篆、许氏《说文》《石经》三字也。凡所关古，莫不惆怅焉。嗟夫！文字者六艺之宗，王教之始，前人所以垂今，今人所以识古，故曰"本立而道生"。孔子曰："必也正名乎。"又曰："述而不作。"《书》曰："予欲观古人之象。"皆言遵修旧史而不敢穿凿也。

臣六世祖琼，家世陈留，往晋之初，与从父兄应元俱受学于卫觊，古篆之法，《仓》《雅》《方言》《说文》之谊，当时并收善誉。而祖官至太子洗马，出为冯翊郡，值洛阳之乱，避地河西，数世传习，斯业所以不坠也。世祖太延中，皇威西被，牧犍内附，臣亡祖文威杖莱归国，奉献五世传掌之书，古篆八体之法，时蒙褒录，叙列于儒林，官班文省，家号世业。暨臣暗短，识学庸薄，渐渍家风，有添无显。但逢时来，恩出愿外，每承泽云津，厕沾漏润，驱驰文阁，参预史官，题篆宫禁，猥同上哲。既竭愚短，欲罢不能，是以敢籍六世之资，奉遵祖考之训，窃慕古人之轨，企践儒门之辙，辄求撰集古来文字，以许慎《说文》为主，爰采孔氏《尚书》《五经》音注、《籀篇》《尔雅》《三仓》《凡将》《方言》《通俗文》《祖文宗》《埤》《苍》《广雅》《古今字诂》《三字石经》《字林》《韵集》，诸赋文字有六书之谊者，皆以次类编联，文无复重，纠为一部。其古籀、奇惑、俗隶诸体，咸使班于篆下，各有区别。诂训假借之谊，佥随文而解；

音读楚、夏之声，并逐字而注。其所不知者，则阙如也。脱蒙逐许，冀省百氏之观，而同文字之域，典书秘书。所须之书，乞垂敕给；并学士五人尝习文字者，助臣披览；书生五人，专令抄写。侍中、黄门、国子祭酒，一月一监，评议疑隐，庶无纰缪。所撰名目，伏听明旨。

诏曰："可如所请，并就太常，冀兼教八书史也。其有所须，依请给之。名目待书成重闻。"

式于是撰集字书，号曰《古今文字》，凡四十卷，大体依许氏《说文》为本，上篆下隶。又除宣威将军、符玺郎，寻加轻车将军。正光中，除骁骑将军、兼著作佐郎，正史中字。四年卒，赠左将军、巴州刺史。其书竟未能成。

式兄子征虏将军顺和，亦工篆书。先是太和中，兖州人沈法会能隶书，世宗之在东宫，敕法会侍书。已后隶迹见知于闾里者甚众，未有如崔浩之妙。

【译文】

江式，字法安，是陈留郡济阳县人。他的六世祖江琼，字孟琚，在晋朝官至冯翊太守，擅长鸟虫书和篆书，又精于文字训诂之学。永嘉年间大乱，江琼弃官西去，投靠张轨，因此子孙居住在凉州，世代继承他的家学。江式的祖父江疆，字文威，太延五年凉州平定，举家迁往代京。他曾向朝廷上书，提出三十多项行政措施，都很得体，他又向朝廷献上经史及诸子百家书籍一千多卷，因此提升他为中书博士。逝世之后，追赠他为敦煌太守。江式的父亲江绍兴，高允举荐他为秘书郎，主修国史达二十多年，以谨慎忠厚著称。死于赵郡太守任上。

江式少年时代就能继承家学。有好几年的时间，他常梦见有两个人来教他读书，醒来以后，还能记住教授的内容。他最初任司徒长兼行参军、检校御史，不久又任为殄寇将军、符节令。因他曾书写文昭太后的尊号谥册，特提升他为奉朝请，仍兼符节令。江式尤其擅长篆书，洛阳宫殿各门的匾额，都是江式书写的。

延昌三年三月,江式上书说:

我听说庖羲氏兴起以后,列出八卦的笔画,轩辕氏兴起后,用龟纹进行占卜。古史仓颉观察到乾坤二象的笔画,又观察了鸟兽的足迹,另外创出文字,以代替结绳,用文字来记事。文字用于政事,则百官职责分明;用来记述志册,则万物各有专名。到了三代时,字体发生变异,但是依类相从,与仓颉造字原则也相差不多。因此,《周礼》规定八岁入小学,教师用六书来教学生:一为指事,二为象形,三为谐声,四为会意,五为转注,六为假借。这大概就是仓颉的造字方法。到周宣王的时代,太史史籀著大篆十五篇,和古文有同有异,当时人称之为"籀书"。到后来孔子删定《六经》,左丘明著《春秋》,都采用古文,人们都能看懂。

后来战国时七国的文字都不一致,文字差别很大,到秦朝统一天下,丞相李斯向皇帝奏请,废除不与秦文相合的文字。李斯著《仓颉篇》,中车府令赵高作《爰历篇》,太史令胡毋敬作《博学篇》,都用史籀的大篆,或者少加省改,这就是小篆。于是秦朝下令焚烧经书,废除旧的典籍,因官方文书和刑狱案件繁多,书写时文字趋向简易,开始形成隶书。古文从此就被废弃了。所谓隶书,是秦始皇下令杜人程邈在小篆的基础上改造而成的,因程邈是有罪之徒隶,于是就称之为隶书。因此秦代的文字有八种书体:一为大篆,二为小篆,三为刻符书,四为虫书,五为摹印,六为署书,七为殳书,八为隶书。

汉朝兴起,掌握刑律的官员学习法律,又教他们学习籀书,并熟悉八种书体,学习成绩最好的,任为尚书史。官民上书,文字省改不合正体的,要遭受弹劾。又有草书,不知创始者是谁,考察它的形体,却没有一定的规律,也是出于一时的变通。汉宣帝时,征召精通《仓颉篇》的人,只有张敞一人前来授读。凉州刺史杜邺、沛人爰礼、讲学大夫秦近等人,也能通《仓颉篇》。汉平帝时,朝廷征召爰礼等一百多人在未央宫研究文字,任爰礼为小学元士。黄门郎扬雄利用爰礼等人的研究成果,著作了《训纂篇》。到王莽篡政,自以为上承天命,应有所作为,于是派大司空甄丰校定文字的部属,对古文颇有修改。当时有六种书体:一为古文,就是孔子旧宅中发现的书体;二为奇字,在古文的基础上稍加变化的书体;三为篆书,即是小篆;四为佐书,即秦代的隶书;五为缪篆,用来刻印的书体;六为鸟书,用来书写旗帜的书体。孔子壁中书,是鲁恭王拆孔子旧宅时发现的《礼》《尚书》《春秋》《论语》《孝经》。再有,北平侯张苍所献的《春秋左氏传》,字体和孔子壁中书相仿,就是前代的古文。

后汉时,郎中扶风人曹喜号称擅长篆书,他的书体比李斯的篆书小有差别,但却十分精巧,后来的学者都采用曹喜的篆法。皇帝又令侍中贾逵清理旧有文字,不管是哪种书体,哪种写法,为了宣扬王道是一致的,如果有利于国家政事,都加以收集。贾逵即是汝南人许慎的古文字学老师。后来许慎有感于当时人的好奇,慨叹迂儒的穿凿附会,叹惜文字毁于争名夺誉,痛恨字体坏在人们的互相攻击,任情变乱字形,在社会上造成混乱,因此他撰著《说文解字》十五篇,从"一"部开始,以"亥"部结尾,文字各归部类,普遍包括了六艺群书的训估,评品诸子百家的解释,凡天地、山川、草木、鸟兽、昆虫、杂物、奇怪异珍、国家制度、世间的人事等,都有证载。可说是做到了依类相从,以群相分,杂而不乱,文质彬彬,是最完美的论著了。左中郎陈留人蔡邕,采用李斯、曹喜的篆法,形成古今杂糅的篆体,皇帝下令太学立碑,用这种字体刊刻《五经》,标题和正文,大都出自蔡邕之手。后来开设鸿都学,各种书画作品以及奇异技能作品云集于此,当时四面八方呈献的篆书作品,水平没有超过蔡邕的。

曹魏初年,清河人张揖博士撰著《埤雅》《广雅》《古今字诂》《埤雅》和《广雅》这两部书,拾遗补缺,增加了部类,对研究文字学是有帮助的。但他的《古今字诂》这部书,比起许慎的《说文解字》,在古今字形字义的解释方面,有得有失。陈留郡人邯郸淳也和张揖同时,博雅多才艺,特别擅长文字学以及许慎的《说文解字》,对各种字体和书法精研细究,比张揖更为有名,教诸位皇子学习书法。又在汉碑之西树立《三字石经》碑,蔚为大观,使三种书体重新耀现光彩。与《说文解字》相比较，篆隶大体相同，古字稍有差异。又有京兆人韦诞、河东人卫觊两家，都号称擅长篆书。当时楼台馆阁的匾额、宝贵器物上的铭文，都是韦诞所书写，他们的子孙也能继承祖业，被世人传为美谈。

晋朝义阳王典祠令任城人吕忱进呈《字林》六卷，细究它的旨趣，体例依照许慎的《说文解字》，说解用排偶文字，并附注古籀奇字，文字的部类准确，不违背篆书的字义。吕忱的弟弟吕静另放已故的左校令李登所著《声类》一书的体例，撰著《韵集》五卷，宫、商、角、娄、羽各为一篇，所收的文字和他哥哥的书差不多，音读或取中原读音或荆楚读音，时有不同。

北魏建国在百代圣王之后，随着时代的发展，社会风气的变化，文字也发生了变异，篆体错误百出，隶书也失去原有面貌。学识浅薄的人，又将错误的字形巧为解释。口若悬河的辩士，又任意胡说，哗众取宠，难以改正。因此经传上说，以多数人的错误，来指责正确的东西。这话确实是道出了这种流弊的实质。甚至说："追来为归""巧言为辩""小兔为需虪""神虫为蚕"，像这样的例子很多，都不合乎孔壁古书、史籀、大篆、许慎的《说文解字》《三体石经》。凡是关心古文字的人，莫不为此而感慨。啊啊！六艺依赖文字流传，圣贤治世也以文字为根本，古人用文字记载史事，流传到今天，现在的人借助文字了解古代史事，因此说"本立而道生"。孔子说："必也正名乎。"又说："述而不作。"《书经》上说："予欲观古人之象。"这都是说要遵守旧有的文字规范，不敢去穿凿附会。

我的六世祖江琼，世世代代住在陈留郡，在晋朝初年，和他的堂兄江应元都跟随卫觊学习，对于古代的篆书，以及《仓颉篇》《尔雅》《方言》《说文解字》都深有研究，在当时有很高的声誉。六世祖官至太子洗马，又外任为冯翊郡守。因洛阳之乱，逃奔到河西地区，经几代人继承传授，所以这门学业没有中断。世祖太延年间，大魏势力强盛，牧犍归服，我已故的祖父江文威前来投奔，并献上世代传习的书籍，以及古篆八种书体的技法，当时受到褒奖,他身列儒林,在朝为文官,我家被称为文字世家。到我这一辈,才智不高,学识浅薄,家到中落,有愧于祖宗。但我身遇盛世,受到皇帝的赏识,得到莫大的恩惠,我身为文官,曾参与撰修国史,宫门的匾额,也命我来题写,与古代贤哲际遇相同。为朝廷既尽了我的绵薄之力,但欲罢不能,我想凭六世家学的修养,按照祖辈的遗训,模仿古人的成例,实现儒者的愿望,我要求编一部字书,以许慎的《说文解字》为本,兼采孔壁《尚书》《五经》的音注、《史籀篇》《尔雅》《三仓》《凡将篇》《方言》《通俗文》《祖文宗》《埤仓》《广雅》《古今字诂》《三字石经》《字林》《韵集》,诸赋的文字,有合于六书造字原则的,都按部类进行编排,文字不重出,编为一部书。其中古籀字、奇异字、隶书的俗体字等字体,都缀于篆体之下,各有区别。字义的训诂、字音的假借,都随字进行解释;字音的正读和方言读音,也逐字注出。读音不明的,则暂付缺如。如果我的请求得到批准,将来可以省得人们去翻检诸子百家,又可以统一文字,成为一代字典。编撰中所需要的书籍,请下令配给,并派曾学习文字学的五个学士,帮助我翻检书籍;再派抄手五人,专门从事抄写。侍中、黄门郎、国子祭酒等官员一月一审查,解决疑难问题,这样可以避免发生错误。这部书的书名,希望皇帝来命名。

皇帝批示说:“可按他的请求进行,并在太常寺办公,希望兼教八书字体。他需要的一切,按他的请求配给。书名待书编成后再说。”

于是江式着手撰集一部字书,名为《古今文字》,共四十卷,大体依据许慎的《说文解字》,上列篆书,下列隶书。江式又升为宣威将军、符玺郎,不久又加轻车将军衔。正光年间,任骁骑将军兼著作佐郎,负责校正史书中的文字。正光四年去世,追赠他为右将军、巴州刺史。但他的字书没有最后编成。

江式的侄子征虏将军江顺和,也擅长篆书。原在太和年间,兖州人沈法会擅长隶书,世宗为东宫太子时,召沈法会侍奉太子。以后以隶书在民间知名的人很多,但都达不到崔浩的水平。

周澹传

——《魏书》卷九一

【原文】

周澹，京兆鄠人也。为人多方术，尤善医药，为太医令。太宗尝苦风头眩，澹治得愈。由此见宠，位至特进，赐爵成德侯。神瑞二年，京师饥，朝议将迁都于邺。澹与博士祭酒崔浩进计，论不可之意，太宗大然之，曰："唯此二人，与朕意同也。"诏赐澹、浩妾各一人，御衣一袭，绢五十匹、绵五十斤。泰常四年卒，谥曰恭。

时有河南人阴贞，家世为医，与澹并受封爵。清河李潭亦以善针见知。子驴驹，袭，传术。延兴中，位至散令。

【译文】

周澹，京兆郡鄠县人。他善于医药、卜筮、占验等技艺。尤其擅长医药。官任太医令。太宗皇帝曾经患风眩病异常痛苦，周澹为他治疗才得以痊愈。从此周氏深受器重，官位升至特进，并赐以成德侯爵位。神瑞二年(公元415)，京城闹饥荒，朝臣商议将迁都至邺城。周澹与博士祭酒崔浩(字伯渊)向皇上建议，论述不可迁都之见解。太宗皇帝大为赞同。说："只有这两人与我想法一致。"于是下诏书赏赐周澹和崔浩各一名妾及御衣一套、绢五十匹、棉五十斤。周澹卒于泰常四年(公元419)。谥号为恭。

当时河南有位名叫阴贞的人，家中世代都是医生，他和周澹同时被封爵位。清河有位李潭亦以善于针刺而闻名。周澹的儿子名驴驹，他继承周澹的爵位，并传授其父的技艺。延兴年间，官位至散令。

李修传

——《魏书》卷九一

【原文】

李修，字思祖，本阳平馆陶人。父亮，少学医术，未能精究。世祖时，奔刘义隆于彭城，又就沙门僧坦研习众方，略尽其术，针灸授药，莫不有病人，停车舆于下，时有死者，则就而棺殡，亲往吊视。其仁厚若此。累迁府参军，督护本郡，士门宿官，咸相交昵，车马金帛，酬赍无赀。修兄元孙随毕众敬赴平城，亦遵父业而不及。以功赐爵义平子，拜奉朝请。

修略与兄同。晚入代京，历位中散令，以功赐爵下蔡子，迁给事中。太和中，常在禁内。高祖、文明太后时有不豫，修侍针药，治多有效。赏赐累加，车服第宅，号为鲜丽。集诸学士及工书者百余人，在东宫撰诸《药方》百余卷，皆行于世。先是咸阳公高允虽年且百岁，而气力尚康，高祖、文明太后时令修诊视之。一旦奏言，允脉竭气微，大命无远。未几果亡。迁洛，为前军将军，领太医令。后数年，卒，赠威远将军、青州刺史。

子天授，袭。汶阳令。医术不逮父。

【译文】

李修，字思祖，系阳平馆陶人。父亲明亮，年轻时学习医术，但学问不精深。北魏太武帝时他投奔刘义隆到达彭城。在那里师从沙门僧坦研习医方，此后医术颇有长进。针灸处方，均获得较好疗效。在徐州兖州一带，他常常救治病人，对他人疾苦十分体恤。各地病人甚至跋涉千里，慕名前来求医。李亮以大厅供病人住宿，准备车乘于厅下，如有病人死去，便车载棺柩送葬，并亲自去吊唁。他就是如此仁慈善厚。后来他升任府参军、督护彭城郡。他与当地士族官僚相互交往亲密。别人赠予他的车马金帛不可计量。李修的哥哥名元孙,跟随毕众敬开赴平城。承袭父业,然医术不如其父。他因立功被赐义平子爵位,授官奉朝请。

李修与兄略同,去魏都代郡平城较晚。历任中散令。因有功赐下蔡子爵位。后升至给事中。太和年间,他常在宫内,高祖、文明太后时常有疾病,李修便侍奉针药,治疗多取得良效。因此赏赐不断,车辆、衣物,房屋都十分华丽。他召集一百多位有学识与善于书法的人士于东宫撰各类《药方》一百余卷,皆流传于世。此前,咸阳公高允虽年近百岁,然气力尚康健。高祖、文明太后时常命李修去探望他,进行珍视。有一天,李修向皇帝上奏:高允脉象欲竭,气息微弱,性命不久。果然不久高允辞世。后来孝文帝迁都至洛阳,李修任前军将军,兼任太医令。数年后,李修去世。赠官威远将军、青州刺史。

李修的儿子名天授,继承父亲爵位。任汶阳县令。医术不如其父。

王显传

——《魏书》卷九一

【原文】

王显，字世荣，阳平乐平人，自言本东海郯人，王朗之后也。祖父延和中南奔，居于鲁郊，又居彭城。伯父安上，刘义隆时板行馆陶县。世祖南讨，安上弃县归命，与父母俱徙平城，便叙阳都子，除广宁太守。显父安道，少与李亮同师，俱学医药，粗究其术，而不及亮也。安上还家乐平，颇参士流。

显少历本州从事，虽以医术自通，而明敏有决断才用。初文昭皇太后之怀世宗也，梦为日所逐，化而为龙而绕后，后寤而惊悸，遂成心疾。文明太后敕召徐謇及显等为后诊脉。謇云是微风入藏，宜进汤加针。显云："案三部脉非有心疾，将是怀孕生男之象。"果如显言。久之，召补侍御师，尚书仪曹郎，号称干事。世宗自幼有微疾，久未差愈，显摄疗有效，因是稍蒙眄识。

又罢六辅之初，显为领军于烈间通规策，颇有密功。累迁游击将军，拜廷尉少卿，仍在侍御。营进御药，出入禁内。乞临本州，世宗曾许人，积年未授，因是声问传于远近。显每语人，言时旨已决，必为刺史。遂除平北将军，相州刺史。寻诏驰驿还京，复掌药，又遣还州。元愉作逆，显讨之不利。入除太府卿、御史中尉。

显前后历职，所在著称。纠折庶狱，究其奸回，出内惜慎，忧国如家。及领宪台，多所弹劾，百僚肃然。只以中尉属官不悉称职，讽求更换。诏委改选，务尽才能，而显所举或有请属，未皆得人，于是众口喧哗，声望致损。后世宗诏显撰《药方》三十五卷，班布天下，以疗诸疾。东宫既建，以为太子詹事，委任甚厚。世宗每幸东宫，显常迎侍。出入禁中，仍奉医药。赏赐累加，为立馆宇,宠振当时。延昌二年秋,以营疗之功封卫南伯。

四年正月,世宗夜崩,肃宗践祚。显参奉玺策,随从临哭,微为忧惧。显即蒙任遇,兼为法官,恃势使威,为时所疾。朝宰托以侍疗无效,执之禁中,诏削爵位。临执呼冤,直阁以刀环撞其腋下,伤中吐血,至右卫府一宿死。始显布衣为诸生,有沙门相显后当富贵,诫其勿为吏官,吏官必败。由是世宗时或欲令其遂摄吏部,每殷勤避之。及世宗崩,肃宗夜即位,受玺策,于仪须兼太尉及吏部,仓卒百官不具,以显兼吏部行事矣。

【译文】

王显,字世荣。阳平郡乐平县人。自称原东海郯人,王朗的后代。祖父于延和年间(公元432－434)投奔南朝,在山东曲阜居住,后迁居彭城。伯父名安上,南朝宋文帝时他兼任馆陶县令。北魏世祖讨伐南朝,王安道为保性命诳弃县令职守,与父母一起迁移到平城。以后在朝廷选拔官员时援例铨叙为阳都子爵、授任广宁太守。王显父亲名安道,青年时与李亮同拜一位老师,学习医学,对医术有所研究,然不如李亮高明。王安上返回家乡乐平,常与有地位人士交往。

王显曾任相州从事。虽自学而通医术,且聪明有决断才能。当初文昭皇太后怀世宗皇帝时,做梦被太阳追逐,并化为龙缠绕太后。太后醒来紧张害怕,于是变成心病。文明太后下令召徐謇与王显等人为文昭皇太后诊脉。徐謇认为有轻微风邪侵入脏腑,宜吃汤药并加针刺治疗。王显说:“从三部脉候来看,不是有心病,而是怀孕生男孩之征象。”后果然如王显说那样。很长一段时间过后,王显补任为侍御师、书仪曹郎,人们称道他十分胜任这些职务。世宗自幼即有虚弱病,很久没有治好。王显为他治疗后,教以摄养之法而显出疗效,从此渐渐被重视。

孝文帝迁都洛阳初期,王显为领军于烈私下制定计划,很有一些不被人知的功绩。于是升任游击将军,且授予廷尉少卿,但他仍然为侍御师,料理宫中用药,往来于宫廷内外。以后王显向皇帝请求去相州,世宗曾予以诺言，然多年未予授任，由此关于此事四处均有传闻。王显常对别人说，圣上已经决定，必定是刺史。最终他被任命平北将军、相州刺史。不久皇帝就下诏书让他返回京城，重新掌管宫中药物。以后又派遣回相州。孝文帝第四子元愉谋反，王显对他讨伐不利。后入京任太府卿、御史中尉。

王显前后历任数职，均受到称赞。他判决案件，追究奸邪；掌管财物，出入慎重，精打细算。为国分忧，就像对待自己家里的事情一样。后来他任职御史台，多次弹劾臣官错误，群臣因此十分敬重。后因中尉下属官员不都称职，朝中有人婉言提出要求更换。于是皇帝下诏书委托他改选，以便任人唯贤，但王显所举荐之人选中有的系私托人情而来，不十分合适。众人对此议论纷纷，王显的声望由此而受到损害。后来世宗皇帝下诏书命王显撰著《药方》三十五卷。颁布于民间，用于治疗各种疾病。待太子所居东宫建立，授任王显为太子詹事，掌管东宫事务，委任甚为厚重。世宗皇帝每次亲临东宫，王显常常迎送侍候左右。此期间王显仍侍奉医药，进出宫中，不断得到赏赐与升迁机遇。皇上为他建立楼馆，他因受皇帝的宠遇而名振当时。延昌二年（公元513）秋，王显以治病有功被封卫南伯爵。

延昌四年，世宗于一日夜间驾崩，肃宗继位。王显参与侍奉先帝诏书，随从众人一起于先帝灵前哀哭，并有些担心忧虑。因为他承蒙任命，兼任法官，仗势逞威，被大家所憎恶。朝廷以他侍奉皇帝治病无效为托辞，将他拘捕于宫中，皇帝并下诏书削去他的爵位。临执行时王显呼喊冤枉，直阖将军用刀环撞击他腋下，伤中吐血，至右卫府一夜即死亡。王显最初没有做官，是太学学生，那时有一僧人为王显看相，预见他日后将富贵，告诫他不要做官，做官必然失败。因此世宗皇帝时有人欲让王显进而兼管吏部，他每每恳切辞避。到世宗皇帝驾崩，肃宗皇帝夜里继位，接受先帝诏书，在举行仪式时需要太尉与吏部官员，仓促之间官员尚未备齐，故以王显兼任吏部处理事务。

崔彧传

——《魏书》卷九一

【原文】

崔彧,字文若,清河东武城人。父勋之。字宁国。位大司马外兵郎。赠通直郎。彧与兄相如俱自南入国。相如以才学知名,早卒。彧少尝诣青州,逢隐逸沙门,教以《素问》《九卷》及《甲乙》,遂善医术。中山王英子略曾病,王显等不能疗,彧针之,抽针即愈。后位冀州别驾,累迁宁远将军。性仁恕,见疾苦,好与治之。广教门生,令多救疗。其弟子清河赵约、渤海郝文法之徒咸亦有名。

彧子景哲,豪率,亦以医术知名。为太中大夫、司徒长史。

【译文】

崔彧,字文若,清河东武城人。父名勋之,字宁国。官为大司马外兵郎。死后追赠通直郎。崔彧与他的哥哥相如一起自南朝入魏。相如因才学出众而闻名,但很早就去世。崔彧青年时曾去过青州,在那里遇见出家和尚,教他学习《素问》《九卷》《甲乙经》等医籍,于是擅长医术。中山王英的儿子略曾经患病,王显等名医也没能治好他的病,崔彧采用针刺疗法,起针后病即痊愈。他初任冀州别驾,后升至宁远将军。崔彧性情仁善宽容。遇见别人被疾病困扰,即热心给予治疗。崔彧还广收门生,传教医术,告诫他们要尽力救治病人。他的弟子如清河赵约、渤海郝文法等都有医名。

彧的儿子名景哲,性格豪爽、直率,也以擅长医术著称。官为太中大夫、司徒长史。

烈女传

——《魏书》卷九二

【原文】

夫妇人之事，存于织纴组紃、酒浆醯醢而已。至如嫫训轩宫，娥成舜业，涂山三母，克昌二邦，殆非匹妇之谓也。若乃明识列操，文辩兼该，声自闺庭，号显列国，子政集之于前，元凯编之于后，随时缀录，代不乏人。今书魏世可知者为《烈女传》。

钜鹿魏溥妻，常山房氏女也。父堪，慕容垂贵乡太守。房氏婉顺高明，幼有烈操。年十六而溥遇病且卒，顾谓之曰："人生如白驹过隙，死不足恨，但夙心往志，不闻于没世矣。良痛母老家贫，供奉无寄；赤子矇眇，血祀孤危。所以抱怨于黄墟耳。"房垂泣而对曰："幸承先人馀训，出事君子，义在自毕。有志不从，命也。夫人在堂，稚子繦褓，顾当以身少，相感长往之恨。"俄而溥卒。及大敛，房氏操刀割左耳，投之棺中，仍曰："鬼神有知，相期泉壤。"流血滂然，助丧者咸皆哀惧。姑刘氏辍哭而谓曰："新妇何至于此！"房对曰："新妇少年不幸，实虑父母未量至情，觊持此自誓耳。"闻知者莫不感怆。于时子缉生未十旬，鞠育于后房之内，未曾出门。遂终身不听丝竹，不预座席。缉年十二，房父母仍存，于是归宁。父兄尚有异议，缉窃闻之，以启母。房命驾给云他行，因而遂归，其家弗知之也。行数十里方觉，史弟来追，房哀叹而不反。其执意如此。训导一子，有母仪法度。缉所交游有名胜者，则身具酒饭；有不及已者，辄屏卧不餐，须其悔谢乃食。善诱严训，类皆如是。年六十五而终。缉事在《序传》。缉子悦为济阴太守，吏民立碑颂德。金紫光禄大夫高闾为其文，序云："祖母房年在弱笄，艰贞守志，秉恭妻之操，著自毁之诫。"又颂曰："爰及处士，遘疾夙凋。伉俪秉志，识茂行高。残形显操，誓敦久要。诞兹令胤，幽感乃昭。”溥未仕而卒，故云处士焉。

清河房爱亲妻崔氏者，同郡崔元孙之女。性严明高尚，历览书传，多所闻知。子景伯、景先，崔氏亲授经义，学行修明，并为当世名士。景伯为清河太守，每有疑狱，常先请焉。贝丘民列子不孝，吏欲案之。景伯为之悲伤，入白其母。母曰：“吾闻闻不如见，山民未见礼教，何足责哉？但呼其母来，吾与之同居。其子置汝左右，令其见汝事吾，或应自改。”景伯遂召其母，崔氏处之于榻，与之共食。景伯之温情，其子侍立堂下。未及旬日，悔过求还。崔氏曰：“此虽颜惭，未知心愧，且可置之。”凡经二十馀日，其子叩头流血，其母涕泣乞还，然后听之，终以孝闻。其识度厉物如此，竟以寿终。

泾州贞女兕先氏，许嫁彭老生为妻，聘币既毕，未及成礼。兕先率行贞淑，居贫常自舂汲，以养父母。老生辄往逼之，女曰：“与君礼命虽毕，二门多故，未及相见。何由不禀父母，擅见陵辱！若苟行非礼，正可身死耳。”遂不肯从。老生怒而刺杀之，取其衣服，女尚能言，临死谓老生曰：“生身何罪，与君相遇。我所以执节自固者，宁更有所邀？正欲奉给君耳。今反为君所杀，若魂灵有知，自当相报。”言终而绝。老生持女珠瓔至其叔宅，以告叔，叔曰：“此是汝妇，奈何杀之，天不佑汝！”遂执送官。太和七年，有司劾以死罪。诏曰：“老生不仁，侵陵贞淑，原其强暴，便可戮之。而女守礼履节，没身不改，虽处草莱，行合古迹，宜赐美名，以显风操。其标墓旌善，号曰‘贞女’。”

姚氏妇杨氏者，阉人苻承祖姨也。家贫无产业，及承祖为文明太后所宠贵，亲姻皆求利润，唯杨独不欲。常谓其姊曰：“姊虽有一时之荣，不若妹有无忧之乐。”姊每遗其衣服，多不受，强与之，则云：“我夫家世贫，好衣美服，则使人不安。”与之奴婢，则云：“我家无食，不能供给。”终不肯受。常著破衣，自执劳事。时受其衣服，多不著，密埋之，设有著者，污之而后服。承祖每见其寒悴，深恨其母，谓不供给之。乃启其母曰：“今承祖一身何所乏少，而使姨如是？”母具以语之。承祖乃遣人乘车往迎之，则厉志不起，遣人强舁于车上，则大哭，言：“尔欲杀我也！”由是苻家内外皆号为痴姨。及承祖败，有司执其二姨至殿庭。一姨致法，以姚氏妇衣裳弊陋，特免其罪。其识机虽吕姨亦不过也。

任城国太妃孟氏，钜鹿人、尚书令，任城王澄之母。澄为扬州之日，率众出讨。于后贼帅姜庆真阴结逆党，袭陷罗城。长史韦缵仓卒失图，计无所出。孟乃勒兵登陴，先守要便。激厉文武，安慰新旧，劝以赏罚，喻之逆顺，于是咸有奋志。亲自巡守，不避矢石。贼不能克，卒以全城。澄以状表闻，属世宗崩，事寝。灵太后后令曰："鸿功盛美，实宜垂之永年。"乃敕有司树碑旌美。

苟金龙妻刘氏，平原人也。廷尉少卿刘叔宗之姊。世宗时，金龙为梓潼太守，郡带关城戍主。萧衍遣众攻围，值金龙疾病，不堪部分，众甚危惧。刘遂率厉城民，修理战具，一夜悉成。拒战百有馀日，兵士死伤过半，戍副高景阴图叛逆。刘斩之，及其党与数十人。自馀将士，分衣减食，劳逸必同，莫不畏而怀之。井在外城，寻为贼陷，城中绝水，渴死者多。刘乃集诸长幼，喻以忠节。遂相率告诉于天，俱时号叫，俄而澍雨。刘命出公私布绢及至衣服。悬之城中，绞而取水，所有杂器悉储之。于是人心益固。会益州刺史傅竖眼将至，贼乃退散。竖眼叹异，具状奏闻，世宗嘉之。正光中，赏平昌县开国子，邑二百户，授子庆珍，又得二子出身。庆珍卒，子纯陀袭。齐受禅，爵例降。

庆珍弟孚，武定末，仪同开府司马。

贞孝女宗者，赵郡柏仁人，赵郡太守李叔胤之女，范阳卢元礼之妻。性至孝，闻于州里。父卒，号恸几绝者数四，赖母崔氏慰勉之，得全。三年之中，形骸销瘠，非人扶不起。及归夫氏，与母分隔，便饮食日损，涕泣不绝，日就羸笃。卢氏合家慰喻，不解，乃遣归宁。还家乃复故，如此者八九焉。后元礼卒，李追亡抚存，礼无违者，事姑以孝谨著。母崔，以神龟元年终于洛阳，凶问初到，举声恸绝，一宿乃苏，水浆不入口者六日。其姑虑其不济，亲送奔丧。而气力危殆，自范阳向洛，八旬方达，攀榇号踊，遂卒。有司以状闻。诏曰："孔子称毁不灭性，盖为其废养绝类也。李既非嫡子，而孝不胜哀，虽乖俯就，而志厉义远，若不加旌异，则无以劝引浇浮。可追号曰'贞孝女宗'，易其里为孝德里，标李卢二门，以敦风俗。"

河东姚氏女字女胜，少丧父，无兄弟，母怜而守养。年六七岁，便有孝性，人言其父者，闻辄垂泣。邻伍异之。正光中，母死，女胜年十五，哭泣不绝声，水浆不入口者数日，不胜哀，遂死。太守崔游申请为营墓立碑，自为制文，表其门闾，比之曹娥，改其里曰上虞。墓在郡城东六里大道北，至今名为孝女冢。

荥阳刁思遵妻，鲁氏女也。始笄，为思遵所聘，未逾月而思遵亡。其家矜其少寡，许嫁已定，鲁闻之，以死自誓。父母不达其志，遂经郡诉，称刁氏吝护寡女，不使归宁。鲁乃与老姑徒步诣司徒府，自告情状。普泰初，有司闻奏，废帝诏曰："贞夫节妇，古今同尚，可令本司依式标榜。"

【译文】

大凡女人的事迹，不过存在于编织缝补、酒浆腌菜方面吧。至于像嫫母在黄帝宫教导众人，娥皇成就了舜的事业，涂山三母能够使两个国家昌盛，已经不是通常所说的匹夫了。如果说那些明察见识各种操守，兼有文采言谈的辩才，声誉从闺阁庭院里传出来，美名在各国间很显著的，前有子政收集她们的事迹，后有元凯编此他们的行为故事，随时补缀书录，每个时代都不乏其人。现在把魏代所知道这方面事情写成《列女传》。

巨鹿人魏溥的妻子是常山房氏的女儿。她父亲房堪，是慕容垂政府的贵乡太守。房氏温婉和顺高尚明白，从小便有光明的操守。十六岁时魏溥生病要死了，看着他说："人生好像白驹过隙，死没有什么遗憾的，只是向来的心愿志向，死后就无人知道了。非常悲痛母亲年老家里贫穷，没有供奉赡养的保证；小儿子还幼小不懂事，血脉继承孤弱危险。这些都使我到黄泉都要带着怨愁的。"房氏流着泪回答说："我有幸接受了长辈的教导，出来侍奉您，道义在于自己完成。志向不能实现，这是命运。夫人还健在，小儿子还在襁褓中，我自己还年轻，只有怀念我们难以再在一起的遗憾。"不久魏溥死了。收殓的时候，房氏举着刀子割掉了左边的耳朵，投放在棺材中，还说："鬼神如果能知道，就在黄泉之中相见。"她血流如注，帮助治丧的人都很同情害怕。婆婆刘氏止住哭泣对她说："媳妇何必这样！"房氏回答说："媳妇年轻就有不幸,实在是因为担忧父母不体谅我的深挚感情(担心让她改嫁),找机会用这个举动表明我的志愿啊!”听说这话的人,没有不为之感慨悲怆的。当时儿子魏缉出世还不到一百天,在后房里边抚养教育他,没有出过门。从此终身不听音乐声,不参加坐席聚会。魏缉十二岁时,房氏的父母还活着,于是一块去看望他们。父亲兄长还有想法(对她不改嫁),魏缉偷听到他们的话,把它告诉了母亲。房氏命令准备驾车要去别处,于是就回去了,她家的人都不知道她这样做了。她走了几十里路才被发觉,兄长与弟弟来追赶,房氏哀叹而不回头。她是这样的执意不变。她教育引导一个儿子,合乎做母亲的礼仪法度。魏缉交游的朋友,有比他强的,她就亲自准备酒饭;有不如他的,就关着门躺在床上不吃饭,一定要等到他后悔谢罪才吃饭。她善于诱导严格督促,大抵都是这样。她六十五岁时死去。魏缉的事迹记载在《序传》中。魏缉的儿子魏悦做济阴太守,官吏百姓立碑歌颂他的美德。金紫光禄大夫高闾写的文章,序是这样写的:“他的祖母刚刚成年的时候,艰难中坚定地守志不改嫁,秉承了恭妻的节操,把自己毁伤的诚意告诉大家。”又赞扬说:“处士魏溥,遇病去世。他们夫妻保持自己的志向,见识深远品行高尚。伤残形体显扬操守,发誓督促能长久重要的事情。生了这样出色的后代,她在天之灵也昭明于世。”魏溥没有做官就死了,因此说处士。

清河人房爱亲的妻子崔氏,是同郡人崔元孙的女儿。禀性严明品德高尚,读了很多书籍传记,见闻学识很渊博。儿子景伯、景先,崔氏都亲自传授经籍义理,学业品行美好通达。都成为当代的名士。景伯任清河太守,每当有疑难案件,常常先请教她。贝丘一百姓几个儿子都不孝,官吏想把他们立案抓捕。景伯为他们感到悲伤,进去跟他母亲说。他母亲说:“我听说听来的不如见到的,山里人没见过礼仪教育,有什么好责怪的呢?只要把他们的母亲叫来,我跟她住在一起。把她的儿子放在你的身边,让他们看见你是怎样对待我的,或许能够自己改错。”景伯就叫了他们的母亲来,崔氏把她安排在床上睡,跟她一起吃饭。景伯侍奉母亲无微不至,那些儿子侍立在堂下。不到十日,都悔改了，请求回去。崔氏说：“这时虽然脸上表示惭愧，不知道心里惭愧，还应该继续留他们在这里。”前后经过了二十多天，她的儿子们叩头都叩出血来了，他们的母亲哭着请求回家，然后同意了他们，最后以孝顺出了名。她的见识气度勉励事物做到这样，后来寿尽而终。

泾州贞女兕先氏，许配给彭老生做妻子，聘礼完成后，还没有成婚。兕先氏行为仪表都很坚定美好，生活困难时经常亲手舂米打水，来奉养父母。老生常谈去强迫她，女子说：“与你聘礼虽然下定了，但两家变故多，没来得及成婚在一起。什么原因不禀告父母，自作主张遭受凌辱！如果潦草行事不讲礼仪，还不如死了。”就不肯听从。老生发怒而刺杀了她，脱了她的衣服。女子还能说话，临死时对老生说：“生了我有什么罪，跟你相遇。我之所以坚持节操保护自己，难道是另有所图吗？还不是为了奉送给你。现在反而被你杀掉，如果神鬼能有知觉自然要报复的。”说完就死了。老生拿了女子装饰用的珠玉来到他叔叔家里，把事情告诉了他叔叔。叔叔说：“她是你老婆，怎么杀了她，上天不会保佑你的！”就把他扭送官府。太和七年，有关官吏奏请用死罪处罚。朝廷下诏令说：“老生不仁，侵犯凌辱坚贞美好的女子，推究他强暴的罪过，就应该杀了他。而女子谨守礼仪履行节操，至死不变，虽然已经身处野草之下，但行为合乎古代的事迹，应该赏赐美名，以宣扬她的道德操守。标志墓碑表扬美德给了‘贞女’的称号。”

姚氏的妻子杨氏，是太监苻承祖的姨。家里穷没有产业。等到承祖被文明太后所宠爱尊贵，亲戚姻家都向他乞求好处，只有杨氏一人不想。她常对她姐姐说：“姐姐虽然有一时的荣华富贵，不如妹妹有不用担忧的快乐。”姐姐送给她衣服，就说：“我丈夫家境贫穷，好衣裳使人感到不安。”送给她奴婢，，就说：“我家没有吃的，供养不起。”终于不肯接受。经常穿着破旧衣裳，亲自从事劳动。不时地送给她衣服，大多不穿，偷偷地埋起来，即使有时也穿，总是弄脏后再穿。承祖每次看见她寒酸的样子，都非常恨她的母亲，以为她不供给她。就对她母亲说：“现在承祖自己还缺少什么，而让姨这样？”母亲把事实都告诉她。承祖就派人乘着车去迎接她，她却坚决不来，派人把她强抬到车上,就大哭,说:“你想杀掉我!”于是苻家内外都说她是傻姨。到承祖败落时,有关官吏把她的两个姨抓到殿庭。一个姨依法判处了,因为姚氏衣裳破旧丑陋,特别免了她的罪。她的见识机敏即使是吕姨也超不过她去。

任城国的太妃孟氏,钜鹿人,尚书令、任城王澄的母亲。澄在扬州任职时,率领军队出去讨伐贼寇。后来贼人元帅姜庆真暗中勾结反叛的人,攻下了罗城。长史韦缵慌忙中没有办法,无人给她出谋划策。孟氏就手拿兵器登上城头矮墙,先守住要道便道。鼓励文武官员,安慰新旧人士,用赏罚道理勉励他们,用叛逆和忠顺的道理晓谕他们,于是大家都有奋勇的斗志。她亲自巡逻守卫,不躲避箭矢飞石。贼人攻不下,最后保全了城市。澄上奏章报告了这事,逢上世宗驾崩,这奏章被扣压了。灵太后后来下令说:“大功盛大美好,实在应该让它流传千古。”于是下令有关官员为她树碑以表扬她的好处。

苟金龙的妻子刘氏,平原人。是廷尉少卿刘叔宗的姐姐。世宗在位时,金龙任梓潼太守,郡带关城为守城主将。萧衍派遣军队包围进攻,正在这时金龙生病,管理不了下属,众人非常担忧害怕。刘氏于是率领激励城里居民,修理战斗用具,一夜之间都准备好了。抗拒战打了一百多天,士兵死伤超过了半数。守城副将高景暗地里图谋叛变,刘氏杀了他,包括他的同谋共数十人。残留的将士,分配衣服减少粮食,劳逸安排一定相同,没有人不害怕而佩服她的。水井在外城,不久被贼人占领,城中绝水,渴死的人很多。刘氏集中了许多老少人员,向他们说明忠诚气节的道理,就相继向天祷告,同时呼叫,一会儿就下起大雨。刘氏命令拿出公家和私人的各种布匹以及衣服,挂在城中,绞了取水,所有各种容器都用来储水。于是人心更加稳定。正好益州刺史傅竖眼领兵赶到,贼众才退去。竖眼赞叹惊异,写成疏状上奏,世宗嘉奖了她。正光年中,赏赐平昌县开国子,食邑二百户,给了她儿子庆珍,又让两个儿子做官。庆珍死后,她儿子纯陀承袭了爵位。齐接受禅让后,爵位按例降低。

庆珍的弟弟孚,武定末年,官任仪同开府司马。

所谓贞孝女宗,赵郡柏仁人,赵郡太守李叔胤的女儿,范阳人卢元礼的妻子。天性极其孝顺，闻名州里。父亲死时，好几次哭喊悲痛差点死去，幸亏母亲崔氏安慰劝勉她，才活了下来。三年之内，变得骨瘦如柴，没有人扶持就站不起来。等到回了丈夫家里，跟母亲分开了，于是饮食量一天比一天少，哭泣个不停，一天天羸弱病重。卢氏全家人都劝慰，没有效果，就把她送回娘家。回到丈夫家时还是那样，这样重复了八九次。后来元礼死了，李氏追念死者抚养活着的，礼仪上没有违背的，侍候婆婆是出名的孝顺恭谨。母亲崔氏，神龟元年在洛阳寿终，死讯刚刚到时，大声痛哭并晕了过去，一宿后才苏醒过来，六日内滴水不进。她婆婆担心她不行了，亲自陪送她去奔丧。因为身体过度虚弱，从范阳到洛阳，八十天才到达，手抓着棺材喊叫跳跃，就这样死去。有关官吏上奏朝廷。朝廷下令说："孔子说毁坏身体不应该灭了本性，大概是因为那会停止奉养断绝种类吧。李氏既然不是正妻所生孩子，而孝道又经受不住悲哀，虽然轻重有错，但志向激烈道义深远，如果不加以表扬，就没有办法劝勉引导浇薄的风气。可以追封为'贞孝女宗'，把她的里巷改名为孝德里，给李、卢两家挂匾，借以使风俗淳朴。"

河东人姚氏女子字女胜，从小死了父亲，没有兄弟，母亲因为怜爱她就守寡抚养。六七岁时，就有了孝敬父母的思想，有人说到她父亲，听见就流泪。邻居们都感到奇怪。正光年中，母亲去世，女胜十五岁，哭泣的声音没有间断过，好几天水米不进，不胜悲哀，就死掉了。太守崔游申请求替她造坟墓树碑，亲自撰写文字，旌表她的门庭，把她比作曹娥，把她所在的里巷改名为上虞里。坟墓在郡城东边六里处的大道北边，到今天仍叫孝女冢。

荥阳人刁思遵的妻子，鲁氏女子。刚成年时，被思遵聘为媳妇，没满一月思遵就死了。她家里可怜她少年守寡，许配的人家都已经定下来了，鲁氏听到这消息后，用死来发誓。父母不同意她的想法，于是到郡里诉讼，说刁家同情爱护守寡的女子，不让她回家。鲁氏就跟年老的婆婆徒步到司徒府，自己申述情状。普泰初年，有关官吏上奏朝廷，废帝下令说："坚贞的丈夫，有节操的妇女，古今风尚相同，可以让有司按例标榜表扬。"

仇洛齐传

——《魏书》卷九四

【原文】

仇洛齐，中山人，本姓侯氏。外祖父仇款，始出冯翊重泉。款，石虎末徙邺南枋头，仕慕容暐为乌丸护军、长水校尉。生二子，长曰嵩，小曰腾。嵩仕慕容垂，迁居中山，位殿中侍御史。嵩有二子，长曰广，小曰盈。洛齐生而非男，嵩养为子，因为之姓仇。

初，嵩长女有姿色，充冉闵宫闱，闵破，入慕容㒷，又转赐卢豚。生鲁元，有宠于世祖，而知外祖嵩已死，唯有三舅，每言于世祖，世祖来访其舅。是时，东方罕有仕者，广、盆皆不乐入平城，洛齐独请行，曰："我，养子，兼人道不全，当为兄弟试祸福也。"乃乘驴赴京。鲁元候知将至，结从者百余骑，迎于桑干河，见而下拜，从者亦同致敬。入言于世祖，世祖问其才所宜用，将授之以官。鲁元曰："臣舅不幸生为阉人，唯合与陛下守宫闱耳。"而不言其养子，俄而赐爵文安子，稍迁给事黄门侍郎。

魏初禁网疏阔，民户隐匿漏脱者多。东州既平，绫罗户民乐葵因是请采漏户，供为纶绵。自后逃户占为细茧罗谷者非一。于是杂、营户帅遍于天下，不属守宰，发赋轻易，民多私附，户口错乱，不可检括。洛齐奏议罢之，一属郡县。

从平凉州，以功超迁散骑常侍，又加中书令、宁南将军、进爵零陵公。拜侍中、平远将军、冀州刺史，为内都大官。兴安二年卒，谥曰康。

养子俨，袭。柔和敦敏，有长者风。太和中，为虎牢镇将。初，洛齐贵盛之后，广、盆坐他事诛，世祖以其非仇氏子，不与焉。还取侯家近属，以俨为子。后欲还本。而广有女孙配南安王桢,生章武彬,即中山王英弟也。仇妃闻而请俨曰:“由我仇家富贵至此,奈何一旦孤背恩养也!”桢时在内都主司品臣,俨隶于桢,畏惮之,遂不敢。九年卒,谥曰静。子振袭。稍迁至中坚将军、长水校尉。

广、盆并善营产业,家于中山,号为巨富,子孙仕进至州主簿。

腾曾孙儁,位至龙骧将军、骁骑将军、乐平男。

【译文】

仇洛齐,中山人,本来姓侯,外祖父仇款起初是冯翊重泉人。在石虎尚未迁徙到邺城南面的枋头时,仇款在慕容暐那里做官,担任乌丸护军、长水校尉。仇款生了两个儿子,大儿子名叫仇嵩,小儿子名收仇腾。仇嵩在慕容垂那里做官,迁居中山,当了殿中侍御史。仇嵩有两个儿子,大儿子名叫仇广,小儿子名叫仇盆。仇洛齐是天生的阉人,仇嵩收养他为儿子,因此姓了仇。

起初,仇嵩的大女儿长得很有姿色,进了冉闵的后宫,冉闵败亡后,落到慕容暐的手里,慕容暐又把她转赐给卢豚。卢豚和她生了儿子卢鲁元,卢鲁元受到世祖的宠爱。他知道外祖仇嵩已经去世,只有三个舅舅在世,经常向世祖提及,世祖便寻访他的舅舅。这时,东方人士来做官的人极为罕见,仇广、仇盆都不愿意到平城做官,唯独仇洛齐主动要去,说:“我是养子,加之人道不全,应该为兄弟试一试祸福。”便骑驴赶赴京城。卢鲁元探知仇洛齐即将到来,带领随从一百多人,骑马到桑干河迎接,见面就伏地叩拜,随从也跟着行礼。卢鲁元进宫禀告世祖,世祖问仇洛齐适于做些什么,准备委任他官职。卢鲁元说:“我舅舅不幸生来就是阉人,只适合给陛下看守宫闱。”却没有说他是养子。世祖怜悯仇洛齐,赏给奴仆和马匹,吩咐领来接见。不久,仇洛齐被任命为武卫将军,旋即赐爵文安子,逐渐升任为给事黄门侍郎。

北魏初期,法令宽松,百姓的户口隐瞒脱漏得很多。东部各州平定后,绫罗户百姓乐葵据此请求访查脱漏的户口，让他们交纳丝绵。此后，逃漏的民户自报交纳蚕茧丝帛的不在少数，导致杂户、营户遍布天下。由于这些人不归州县统属，官府随意向他们征收赋税，所以百姓大多依附私室，户口混乱，无法考察。仇洛齐上奏建议废除杂户、营户的名目，使户口统一由州县管理。

仇洛齐随军平定凉州，因功越级提升为散骑常侍，又加授中书令、宁南将军，晋升爵位为零陵公。后被任命为侍中、平远将军、冀州刺史，担任内都大官。兴安二年，仇洛齐去世，谥号为康。

养子仇俨袭位。仇俨性情柔和，敦厚敏捷，有长者之风，太和年间担任虎牢镇将。起初，仇洛齐地位尊贵后，仇广、仇盆因别的事犯罪被杀，世祖因仇洛齐不是仇家的后人，没有牵连他，还找来仇家的近支亲属，让仇俨当了仇洛齐的儿子。后来，仇俨希望归宗。仇广有个孙女许配给南安王拓跋桢，生了章武王拓跋彬，拓跋彬即中山王拓跋英的弟弟。仇妃闻讯去问仇俨说："由于我仇家你才如此富贵，怎么忽然就辜负了培养你的恩情！"当时拓跋桢在内都主管朝臣品级的评定，仇俨隶属于拓跋桢，很怕他，因此不敢归宗。太和九年，仇俨去世，谥号为静。儿子仇振袭爵，逐渐升至中坚将军、长水校尉。

仇广、仇盆都善于经营财产，家住中山，号称巨富，子孙做官至州中的主簿。

仇腾的曾孙仇儁，官位至龙骧将军、骁骑将军、乐平男。

赵黑传

——《魏书》卷九四

【原文】

赵黑，字文静，初名海，本凉州隶户。自云其先河内温人也，五世祖术，晋末为平远将军、西夷校尉，因居酒泉安弥县。

海生而凉州平，没入为阉人，因改名为黑。有容貌，恭谨小心。世祖使进御膳，出入承奉，初无过行。迁侍御，典监藏，拜安远将军，赐爵睢阳侯。转选部尚书，能自谨厉，当官任举，颇得其人。加侍中，进爵河内公。

显祖将传位京兆王子推，访诸群臣，百官唯唯，莫敢先言者。唯源贺等词义正直，不肯奉诏。显祖怒，变色，复以问黑。黑曰："臣愚无识，信情率意。伏惟陛下春秋始富，如日方中，天下说其盛明，万物怀其光景，元元之心，愿终万岁。若圣性渊远，欲颐神味道者，臣黑以死奉戴皇太子，不知其他。"显祖默然良久，遂传祚于高祖。黑得幸两宫，禄赐优厚。

是时，尚书李訢亦有宠于显祖，与黑对绾选部。訢奏中书侍郎崔鉴为东徐州，北部主书郎公孙处显为荆州，选部监公孙蘧为幽州，皆曰有能也，实有私焉。黑疾其亏乱选体，遂争于庭曰："以功授官，因爵与禄，国之常典。中书侍郎、尚书主书郎、诸曹监，勋能俱立，不过列郡。今訢皆用为方州，臣实为惑。"显祖疑之，曰："公孙蘧且止。"蘧最为訢厚，于是黑与訢遂为深隙，訢竟列黑为监藏时有所截没。先是，法禁宽缓，百司所典，与官并食，故多所损折。遂黜出门士。

黑自以为訢所陷，叹恨终日，废寝忘食，规报前怨。逾年，还入为侍御、散骑常侍、侍中、尚书左仆射，复兼选部如昔。黑告訢专恣，訢遂出为徐州。

及其将获罪也，黑构成以诛之，然后食甘寝安，志在于职事。

出为假节、镇南大将军、仪同三司，定州刺史，进爵为王。克己清俭，忧济公私。时有人欲行私赂，黑曰："高官厚禄，足以自给，卖公营私，本非情愿。"终无所纳。高祖、文明太后幸中山，闻之，赐帛五百匹，谷一千五百石，转冀州刺史。太和六年秋，薨于官，诏赐绢四百五十匹、谷一千斛、车牛二十乘，致柩至都，追赠司空公，谥曰康。

黑养族弟赵奴第四子炽为后。炽，字贵乐。初为中散，袭黑爵，后降为公，官至扬州安南府长史，加平远将军。元嵩之死寿春也，炽处分安辑，微有声称。神龟中卒，赠光州刺史。黑为定州，与炽纳钜鹿魏干女，有二子。

长子揆，字景则。袭父侯爵，官至乐陵太守，卒赠左将军、沧州刺史。

揆弟儁之，守仲彦，轻薄无行。为给事中，转谒者仆射。为刘腾养息，犹以阉官作资，赂遗权门，频历显官而卒。

【译文】

赵黑，字文静，起初名叫赵海，本来是由凉州收没为奴的隶户。赵海自己说，他的先人是河内温县人，五世祖赵术在晋朝末年担任平远将军、西夷校尉，因此在酒泉安弥县住下。

刚生下来时，凉州被北魏平定，赵海被没入后宫，当了宦官，因而改名为赵黑。赵黑长得漂亮，恭谨小心，世祖让他担当进献御膳的事由，侍候世祖的出入往来，在最初一段时间内行为上也没有过失。他升任侍御，掌管内监物品，受任安远将军，得赐封爵，成了睢阳侯。他改任选部尚书，能谨慎自厉，履行铨选任用官员的职责，颇为得人，加任侍中，爵位晋升为河内公。

显祖准备把帝位传给京兆王拓跋子推，征求群臣的意见，百官唯唯诺诺，没有人敢先发言，只有源贺等人陈言正直，不肯接受诏命。显祖气得变了脸色，又就此问赵黑。赵黑说："臣愚昧无知，没有见识，任凭自己的想法，坦率地说说。陛下正年富力强，如同日当中天。天下悦服陛下的英明，万物向往陛下的光辉。百姓的心愿，希望陛下传国万年。如果陛下旨趣深沉悠远，打算颐养精神，体察至理，臣誓死拥戴皇太子，不知别的。”显祖沉默良久，便把帝位传给高祖。赵黑受到显祖、高祖的宠爱，官位优越，得到的赏赐也很丰厚。

这时，尚书李䜣也受到显祖的宠爱，与赵黑同时主管选部。李䜣奏任中书侍郎崔鉴为东徐州刺史，北部主书郎公孙处显为荆州刺史，选部监公孙蘧为幽州刺史，说他们都很能干，实际却有私情。赵黑痛恨李䜣损害扰乱铨选的体制，便在大殿上争辩说：“根据功劳授给官职，依照爵位给与俸禄，是国家的常例。中书侍郎、尚书主书郎，诸曹监这样的官员，即使功勋与能力兼备，也不过掌管各郡。现在，李䜣将这些人一概用为各州长官，我实在不明其意。”显祖心中疑惑，就说：“先别任命公孙蘧了。”公孙蘧最受李䜣的厚待，因此赵黑和李䜣深深结怨，李䜣竟逐条揭发赵黑掌管内监物品时侵吞了不少东西。原先，法令宽松，百官掌管的物品，可供官吏享用，所以损耗很多。于是，赵黑被贬黜为守门的卫士。

赵黑认为自己受了李䜣的陷害，整天慨叹怀恨，废寝忘食，谋划报复以前的怨仇。过了一年，赵黑回到朝廷，担任侍御、散骑常侍、侍中、尚书左仆射，仍旧兼管选部。赵黑告发李䜣肆意专权，李䜣随即外放为徐州刺史。在李䜣将要得罪时，赵黑捏造罪名，将他杀死，这才吃得有味，睡得安稳，一心办理本职事务。

赵黑外放为假节、镇南大将军、仪同三司、定州刺史，晋升为王爵，仍然严格约束自己，清廉俭朴，关心并扶助公私事务。当时有人打算私下行贿，赵黑说：“我高官厚禄，足以自给。损公营私的事，我本来就不愿意干。”始终没收任何贿赂。高祖、文明太后前往中山，闻讯后赏赐给赵黑帛五百匹、谷物一千五百石。赵黑又改任冀州刺史，在太和六年秋天死在任上。高祖下诏赐绢四百五十匹、谷物一千斛、带牛的车辆二十乘，将灵柩运回京城，追赠司空公，谥号为康。

赵黑收养族弟赵奴的第四个儿子赵炽为后嗣。赵炽，字贵乐，起初担任中散，承袭赵黑的爵位，后来降爵为公，官至扬州安南府长史，加授平远将军。元嵩在寿春死去时，赵炽把寿春处理得很安定，因此稍微有些名声。神龟年间，赵炽去世，赠光州刺史。赵黑任定州刺史时，为赵炽娶子钜鹿人魏干的女儿，生了两个儿子。

长子赵揆，字景早，承袭父亲的侯爵，官至乐陵太守，死后赠左将军、沧州刺史。

赵揆的弟弟赵儁之，字仲彦，轻薄无行，担任给事中，改任谒者仆射，是刘腾的养子。赵儁之仍然利用宦官作为凭借，贿赂权门，频频担当显要官员直至去世。

张宗之传

——《魏书》卷九四

【原文】

张宗之，字益宗，河南巩县人，家世寒微。父孟舒，刘裕西征，假洛阳令。及宗之贵幸，高宗赠孟舒平南将军、洛州刺史、巩县侯，谥曰贞。

初，缑氏宗文邕聚党于伊阙谋反，逼胁孟舒等。文邕败，孟舒走免，宗之被执入京，充腐刑。以忠厚谨慎，擢为侍御中散，赐爵巩县侯，遂历右将军、中常侍、仪曹、库部二曹尚书、领中秘书，进爵彭城公，出为散骑常侍、宁西将军、东雍州刺史。以在官有称，入为内都大官，出除散骑常侍、镇东将军、冀州刺史，又例降为侯。太和二十年卒，年六十九，赠建节将军、怀州刺史，谥曰敬。

宗之兄鸾旗，中书侍郎、东宫中庶子，兼宿卫给事，加宁远将军，赐爵洛阳男，转殿中给事，出为散骑常侍、冠军将军、泾州刺史，进爵为侯，复为殿中给事、中常侍。卒赠洛州刺史，谥曰靖。

始，宗之纳南来殷孝祖妻萧氏，刘义隆仪同三司思话弟思度女也，多悉妇人仪饰故事。太和中，初制六宫服章，萧被命在内预见访采，数蒙赐赉。萧兄子超业，后名彦，幼随姑入国，娶李洪之女，赖其给赡以自济。历位太尉长史、武卫将军、齐州刺史、散骑常侍、中军将军、金紫光禄大夫。彦时来往萧宝夤，致敬称名，呼之为尊。彦于河阴遇害，赠车骑将军、仪同三司、徐州刺史。子百年，西河太守。

宗之养兄子袭绍爵。袭，字子业，高祖初，除主文中散，稍迁员外郎、京兆王大农，久之除义阳太守，为司空刘腾咨议参军、散骑常侍、平东将军、光禄大夫子颢，邵郡太守，卒赠荆州刺史。

颢弟璟，中散大夫。璟弟玮，武定中，豫州征西府长史。诸中官皆世衰，唯赵黑及宗之后，家僮数百，通于士流。

【译文】

张宗之，字益宗，河南巩县人，世代门第寒微。父亲张孟舒在刘裕西征时，暂时代理洛阳县令。及至张宗之尊贵得宠后，高宗追赠张孟舒为平南将军、洛州刺史、巩县侯，谥号为贞。

起初，缑氏人宗文邕在伊阙聚合同党谋反，胁迫张孟舒等人。宗文邕失败后，张孟舒逃脱一死，张宗之被捉到京城，受了腐刑。张宗之因忠厚谨慎，为提升为侍御中散，得以赐爵巩县侯，随后历任右将军、中常侍、仪曹尚书与库部尚书、领中秘书，进升爵位为彭城公，外放为散骑常侍、宁西将军、东雍州刺史。因在职任上有政绩值得称道，进朝担任内都大官，再度外放，任命为散骑常侍、镇东将军、冀州刺史，又照例降为侯爵。太和二十年去世，当时六十九岁，被追赠为建节将军、怀州刺史，谥号为敬。

张宗之的哥哥张鸾旗，担任中书侍郎、东宫中庶子，兼任宿卫给事，加授宁远将军，得赐爵位为洛阳男，改任殿中给事，外放为散骑常侍、冠军将军、泾州刺史，晋升为侯爵，再度担任殿中给事、中常侍。死后赠官洛州刺史，谥号为靖。

起初，张宗之娶了来自南方的殷孝祖的妻子萧氏，萧氏是刘义隆朝的仪同三司萧思话之弟萧思度的女儿，非常熟悉妇女礼仪装饰的先例。太和年间，刚刚制定六宫后妃服装品级，萧氏受命在内廷预先接受咨询，多次得到赏赐。萧氏之兄的儿子萧超业，后来改名萧彦，小时随姑姑萧氏来到北魏，娶了李洪之的女儿，并靠李洪之供养才得以自存。萧彦历任太尉长史、武卫将军、齐州刺史、散骑常侍、中军将军、金紫光禄大夫。萧彦时常与萧宝夤来往，向他表示敬意，自称其名，而称他为长辈。萧彦在河阴遇害，赠官为车骑将军、仪同三司、徐州刺史。儿子萧百年当了西河太守。

张宗之的养兄子张袭继承了他的爵位。张袭，字子业，高祖初年被任命为主文中散，逐渐升为员外郎，京兆王大农，许久以后被任命为义阳太守，当了司空刘腾的咨议参军，受任散骑常侍、平东将军、光禄大夫。太昌初年，张袭去世，当时七十七岁，赠官骠骑大将军、仪同三司、冀州刺史。

张袭的儿子张颢担任邵郡太守，死后赠官荆州刺史。张颢的弟弟张璟是中散大夫。张璟 弟弟张玮在武定年间担任豫州征西将军府长史。众宦官都即世衰微，只有赵黑和张宗之的后人，拥有家仆数百人，与士大夫交往。

抱嶷传

——《魏书》卷九四

【原文】

抱嶷,字道德,安定石唐人,居于直谷。自言其先姓杞,汉灵帝时,杞匡为安定太守,董卓时,惧诛,由是易氏,即家焉,无得而知也。幼时,陇东人张乾王反叛,家染其逆。及乾王败,父睹生逃逸得免,嶷独与母没内京都,遂为宦人。小心慎密,恭以奉上,沉迹冗散,经十九年。后以忠谨被擢,累迁为中常侍、安西将军、中曹侍御、尚书,赐爵安定公。

自总纳言,职当机近,诸所奏议,必致抗直。高祖、文明太后嘉之,以为殿中侍御,尚书领中曹如故,以统宿卫,俄加散骑常侍。高祖、太后每出游幸,嶷多骖乘,入则后宫导引。太后既宠之,乃征其父睹生,拜太中大夫,赏赐衣马。睹生将还,见于皇信堂,高祖执手谓之曰:"老人归途,几日可达,好慎行路。"太和十二年,迁都曹,加侍中、祭酒,尚书领中曹侍御,后降爵为侯。睹生卒,赠州刺史,谥曰靖,赐黄金八十斤、缯綵及绢八百匹,以供丧用,并别使劳慰。

加嶷大长秋卿。嶷老疾,请乞外禄,乃以为镇西将军、泾州刺史,特加右光禄大夫。将之州,高祖饯于西效乐阳殿,以御白羽扇赐之。十九年,被诏赴洛,以刺史从驾南征,常参侍左右。以嶷耆旧,每见劳问,数追称嶷之正直,命乘马出入行禁之间,与司徒冯诞同例。军回,还州。

自以故老前宦,为政多守往法,不能遵用新制。侮慢旧族,简于接礼。天性酷薄,虽弟侄甥婿,略无存润。后数年,卒于州。

先以从弟老寿为后,又养太师冯熙子次兴。嶷死后,二人争立。嶷妻张氏致讼经年,得以熙子为后。老寿亦仍陈诉,终获绍爵。次兴还于本族,给奴婢三十口。嶷前后赐赏奴婢牛马盖数百千,他物称是。

老寿凡薄,酒色肆情。御史中尉王显奏言:

"风闻前洛州刺史阴平子石荣、积射将军抱老寿恣荡非轨,易室而奸,臊声布于朝野,丑音被于行路,即摄鞫问,皆当风闻无差。犯礼伤化,老寿等即主。谨案:石荣籍贯兵伍,地融宦流,处世无入朝之期,在生绝冠冕之望。遭时之运,逢非次之擢,以犬马延慈,簪履恩念,自微至贵,位阶方岳。不能怀恩感德,上酬天施,乃咎彰遐迩,响秽京墟。老寿种类无闻,氏姓莫纪,丐乞刑余之家,覆养阉人之室。蒙国殊泽,预班爵序,正宜治家假内,教诫闺庭。方恣其淫奸,换妻易妾。荣前在洛州,远迎老寿妻常氏,兵人千里,疲于道路。老寿同敝笱之在梁,若其原之无别,男女三人,莫知谁子,人理所未闻,鸟兽之不若。请以见事免官,付廷尉理罪,鸿胪削爵。"

诏可。

老寿妻常氏,万敌弟女也。老寿死后,收纪家业,稍复其旧,奴婢尚六七百人。三女并嫔贵室,为老寿祖父皆造碑铭,自洛就乡而建之。西方云,直谷出二贵人。

石荣者,从主书稍进为州。自被劾后,遂便废顿。子长宜,武定中,南兖州刺史,与侯景反,伏法。

【译文】

抱嶷,字道德,安定石唐人,住在直谷。抱嶷说自己的祖先姓杞,汉灵帝时杞匡担任安定太守,董卓专权时,杞匡害怕遭受诛杀,由此改姓抱氏,就地安家,人们对这种说法的真实与否不得而知。抱嶷小时候,陇东人张乾王反叛,抱嶷家也牵连其事。及至张乾王失败,父亲抱睹生逃跑,得以不死,只有抱嶷与母亲被押至京都,收没后宫,于是成为宦官。抱嶷办事小心谨慎,严守机密,恭敬地侍奉上司,埋没在冗员闲职中,历时十九年。后来,由于抱嶷忠诚恭谨,受到提拔,历经升迁,成为中常侍,安西将军、中曹侍御、尚书,得赐爵位为安定公。

自从抱嶷执掌出纳王命以来,处于机要近臣的地位上,对群臣上奏的各种议论,总是肯定坦率耿直的意见。高祖、文明太后予以嘉许,任命为殿中侍御、尚书,仍然兼任中曹侍御,以便统辖宿卫禁军,不久又加任散骑常侍。每当高祖和文明太后外出游览时,抱嶷多在车右陪坐,回来时则在后宫引路。文明太后既然宠爱抱嶷,就征召他父亲抱睹生入朝,任命为太中大夫,赏赐衣服和马匹。抱睹生准备返回时,在皇信堂受到召见,高祖拉着他的手说:“老人家的归程,几天才能到达,一路小心。”太和十二年,抱嶷升为都曹,加授侍中、祭酒,仍然担任尚书,兼任中曹侍御,后来降为侯爵。抱睹生去世,赠官秦州刺史,谥号为靖。朝廷赐给黄金八十斤,彩帛和绢八百匹,以供备办丧事使用,并另派使者前去慰问。

朝廷加任抱嶷为大长秋。抱嶷年老生病,请求到地方做官,朝廷便任命他为镇西将军、泾州刺史,特意加授右光禄大夫。抱嶷准备前往泾州时,高祖在西郊乐阳殿设宴饯行,把自己用的白羽毛扇赐给他。太和十九年,抱嶷受诏赶赴洛阳,以刺史的身份跟随高祖南征,经常在高祖身边侍奉。由于抱嶷是朝中故老,高祖常加慰劳,屡次回忆称许抱嶷为人正直,允许抱嶷在行宫之间骑马出入,与司徒冯诞一样对待。南征军北归,抱嶷才返回泾州。

抱嶷认为自己是朝中的老宦官了,办理政务时往往拘守旧法,不能遵用新制。对旧日的贵族轻侮傲慢,怠于以礼相待。天性冷酷薄情,即使对弟侄甥婿,也毫不存问接济。几年后,抱嶷死在泾州。

抱嶷原先立堂弟抱老寿为后嗣,又收养了太师冯熙的儿子冯次兴。抱嶷死后,抱老寿与冯次兴二人争当后嗣。抱嶷的妻子张氏打了一年的官司,得以立冯熙的儿子为后嗣。抱老寿也继续申诉,终于得以继承抱嶷的爵位。冯次兴回到本族,分给奴婢三十人。抱嶷先后受赏得到的奴婢和牛马大抵成百上千,别的东西也与此相称。

抱老寿平庸浅薄,纵情酒色。御史中尉王显上奏说:

风闻前洛州刺史阴平子石荣和积射将军抱老寿恣情放荡，不遵礼法，交换妻室，纵欲奸淫，可羞的名声在朝野传播，丑音秽闻在道路上流传。经立即拘捕审讯，实情与风闻完全相符。违犯礼法，伤风败俗，抱老寿等人就是祸首。据察，石荣隶属军籍，此生此世，没有进入朝廷的可能，绝无出人头地的指望。只因赶上当时的运数，遇上不拘等次的提拔，以犬马之劳邀取上司的怜悯，显贵的顾念，由鄙微以至贵盛，成为一方长官。他不能感恩戴德，报答上天的赐予，竟然罪传远近，名秽京城。抱老寿宗族难辨，宗族姓氏不明，乞求受过腐刑的阉人把自己收养在家中，蒙受国家特殊的恩典，得以继承爵位。本应该整治家庭内部事务，训诫闺阁清净守礼，现在却与人交换妻妾，恣意淫荡行奸。石荣以前在洛州时，长途远迎抱老寿的妻子常氏，军人跋涉千里，途中困乏不堪。抱老寿如同破鱼篓捞不了鱼，管不住老婆，好像原来就不想加以区别，所生男女三人，不知是谁的孩子，为人之道，闻所无闻，禽兽不如。请据此事，免除他的官职，交付司法官员治罪，由鸿胪寺削除封爵。

诏书找准。

抱老寿的妻子常氏，是常万敌之弟的女儿。抱老寿死后，收拾家业，渐复旧观，那时尚有奴婢六七百人。三个女儿都成了宫中的嫔妃，她们替抱老寿和祖父都立碑刻铭，从洛阳到家乡去就地建造。西部地区的人们说：直谷出了二贵人。

石荣由主书逐渐晋升为一州长官，自从遭到弹劾后，就被废弃不用了。儿子石长富，武定年间担任南兖州刺史，与侯景反叛，伏法被杀。

王遇传

——《魏书》卷九四

【原文】

王遇，字庆时，本名他恶，冯翊李润镇羌也。与雷、党、不蒙俱为羌中强族。自云其先姓王，后改姓钳耳，世宗时复为王焉。自晋世以来，恒为渠长。父守贵，为郡功曹卒。遇既贵，追赠安西将军、秦州刺史、澄城公。

遇坐事腐刑，为中散，迁内行令、中曹给事中，加员外散骑常侍，右将军，赐爵富平子。迁散骑常侍、安西将军，进爵宕昌公。拜尚书，转吏部尚书，仍常侍。例降为侯。出为安西将军、华州刺史，加散骑常侍。

幽后之前废也，遇颇言其过。及后进幸，高祖对李冲等申后无咎，而称遇谤议之事。冲言："果尔，遇合死也。"高祖曰："遇旧人，未忍尽之，当止黜废耳。"遂遣御史驰驿免遇官，夺其爵，收衣冠，以民还私第。世宗初，兼将作大匠，未几拜光禄大夫，复夺爵。

废后冯氏之为尼也，公私罕相供恤。遇自以常更奉接，往来祗谒，不替旧敬，衣食杂物，每有荐奉，后皆受而不让。又至其馆，遇夫妻迎送谒伏，侍立执臣妾之礼。

遇性巧，强于部分。北都方山灵泉道俗居宇及文明太后陵庙、洛京东郊马射坛殿，修广文昭太后墓园，太极殿及东西两堂、内外诸门制度，皆遇监作。虽年在耆老，朝夕不倦，跨鞍驱驰，与少壮者均其劳逸。又长于人事，留意酒食之间，每逢僚旧，具设馐果，觞膳精丰。

然竞于荣利，趋求势门。赵修之宠也，遇往还宗承，受敕为之监作第宅，增于本旨，笞击作人，莫不嗟怨。

卒于官。初，遇之疾也，太傅、北海王与太妃俱往临问，视其危惙，为之泣下，其善奉诸贵，致相悲悼如此。赠使持节、镇西将军、雍州刺史，侯如故。

始，遇与抱嶷并为文明太后所宠，前后赐以奴婢数百人，马牛羊他物称是，二人俱号富室。

遇养弟子厉，本郡太守，稍迁至右军将，袭爵宕昌侯，产业有过于遇时。

【译文】

王遇，字庆时，原来名叫王他恶，是冯翊李润镇的羌人。王姓与雷、党、不蒙各姓都是羌人中的强族。王遇说自己的先人姓王，后来改姓钳耳，世宗时又改姓为王。自晋朝以来，王氏历来是羌人的酋长。父亲王守贵在郡中功曹任上死去。王遇地位尊贵后，王守贵被追赠为安西将军、秦州刺史、澄城公。

王遇因事犯罪，遭受腐刑，担任中散，升任内行令、中曹给事中，加授员外散骑常侍、右将军，赐爵富平子。升任散骑常侍、安西将军，晋爵为宕昌公。受任尚书，改任吏部尚书，仍然担任常侍，依例降为侯爵。外放为安西将军、华州刺史，加授散骑常侍。

幽皇后第一次受到废黜时，王遇很说过幽皇后的一些过错。及至后来幽皇后回宫受到宠爱，高祖与李冲等人谈话时申述幽皇后无罪，并说王遇有诽谤之罪。李冲说："果真如此，王遇应当处死。"高祖说："王遇是故旧，不忍心让他去死，只把他废黜掉就行了。"便派御史火速骑驿马去罢免王遇的官职，削去爵位，收回朝服，让他以百姓的身份返回私人宅第。世宗初年，王遇兼任将作大匠，不久受任光禄大夫，重新恢复爵位。

废皇后冯氏出家为尼时，朝廷和官员个人很少进献物品，以示体恤的。王遇认为自己应该经常前去侍奉，往来拜谒，不改往日的恭敬，时常进献一些衣服、食品和杂物，废皇后也不退让，一概接受。废皇后还到王遇的家中去，王遇夫妻来迎往送，谒见叩拜，侍立一旁，恪守奴仆的礼数。

王遇生性灵巧，善于部署安排。北都方山灵泉僧俗房屋和文明太后的陵庙,京城洛阳东郊马射坛殿,文昭太后墓园的修葺扩建,太极殿及东西两堂,内外诸门的规制,都由王遇监督实施。虽然已经六七十岁了,王遇仍然朝夕不知疲倦地骑马奔驰,分担青壮年的劳苦。王遇还长于处理人事,注意酒席饭桌间的事情,每当遇到旧日的同僚,就备办食物果品,酒饭精美丰盛。

然而,王遇热衷名利,趋附权门。赵修得宠时,王遇往来奔走,拜见逢迎,受命为他监造宅第,超过原来的要求,还笞打工匠,工匠无不慨叹愤怒。

王遇在任上死去。起初,王遇得了病,太傅、北海王与太妃都前去探问,见他病危,为之泪下。他善于事奉各位贵人,以致使贵人为他如此悲伤。朝廷赠官使持节、镇西将军、雍州刺史,仍为侯爵。

起初,王遇与抱嶷都受到文明太后的宠爱,先后得赐奴婢数百人,马牛羊和其他物品与此相称,两人都号称富有之家。

王遇的抱养弟子王历,担任本郡太守,逐渐升任右军将军,承袭了宕昌侯的爵位,财产比王遇活着时还多。

刘腾传

——《魏书》卷九四

【原文】

刘腾，字青龙，本平原城民，徙属南兖州之谯郡。幼时坐事受刑，补小黄门，转中黄门。高祖之在悬瓠，腾使诣行所。高祖问其中事，腾具言幽后私隐，与陈留公主告符协，由是进冗从仆射，仍中黄门。

后与茹皓使徐、兖，采召民女，及还，迁中给事，稍迁中尹、中常侍，特加龙骧将军。后为大长秋卿、金紫光禄大夫，太府卿。

肃宗践极之始，以腾预在宫卫，封开国子，食邑三百户。是年，灵太后临朝，以与于忠保护之勋，除崇训太仆，加中侍中，改封长乐县开国公，食邑一千五百户。拜其妻时为钜鹿郡君，每引入内，赏常赉亚于诸主外戚。所养二子，为郡守、尚书郎。腾曾疾笃，灵太后虑或不救，迁卫将军、仪同三司，余官仍旧，后疾瘳。腾之拜命，肃宗当为临轩，会其日大风，寒甚而罢，乃遣使持节授之。腾动充宫役，手不解书，裁知署名而已。奸谋有余，善射人意。灵太后临朝，特蒙进宠，多所干托，内外碎密，栖栖不倦。洛北永桥 ，太上公、太上君及城东三寺，皆主修营。

吏部尝望腾意，奏其弟为郡带戍，人资乖越，清河王怿抑而不与。腾以为恨，遂与领军元叉害怿，废灵太后于宣光殿，宫门昼夜长闭，内外断绝。腾自执管钥，肃宗亦不得见，裁听传食而已。太后服膳俱废，不免饥寒。又使中常侍贾粲假言侍肃宗书，密令防察。叉以腾为司空公，表里擅权，共相树置。叉为外御，腾为内防，迭直禁闼，共裁刑赏。腾遂与崔光同受诏乘步挽出入殿门。四年之中，生杀之威，决于叉、腾之手，八座、九卿旦造腾宅，参其颜色，然后方赴省府，亦有历日不能见者。公私属请，唯在财货；舟车之利，水陆无遗；山泽之饶，所在固护；剥削六镇，交通互市。岁入利息以巨万计。又颇役嫔御，时有征求；妇女器物，公然受纳，逼夺邻居，广开室宇，天下咸患苦之。

正光四年三月，薨于位，年六十。赗帛七百匹、钱四十万、蜡二百斤。鸿胪少卿护丧事，中官为义息，衰绖者四十余人。

腾之初治宅也，奉车都尉周特为之筮，不吉，深谏止之，腾怒而不用。特告人曰："必困于三月、四月之交。"至是果死，厅事甫成，陈尸其下。追赠使持节、骠骑大将军、太尉公、冀州刺史。腾之葬日，阉官为义服，杖绖衰缟者以百数，朝贵皆从，轩盖填塞，相属郊野。魏初以来，权阉存亡之盛莫及焉。

灵太后反政，追压爵位，发其冢，散露骸骨，没入财产，后腾所养一子叛入萧衍，太后大怒，因徙腾余养于北裔，导遣密使追杀之于汲郡。

【译文】

刘腾，字青龙，原来是平原城的百姓，迁居到归南兖州统辖的谯郡。刘腾幼年因事犯法，受了腐刑，补授小黄门，改任中黄门。高祖驻兵悬瓠城时，刘腾派人前往行在。高祖问此来何事，刘腾把幽后的隐私合盘讲出，与陈留公主告发得相符。由此，刘腾晋升为冗从仆射，仍然担任中黄门。

后来，刘腾与茹皓出使徐州、兖州，去选召民女。及至返回后，刘腾升任中给事，逐渐升为中尹、中常侍，破例加授龙骧将军，后来担任大长秋，金紫光禄大夫、太府卿。

肃宗刚刚登位时，因刘腾也在护卫东宫之列，便封他为开国子，食邑三百户。本年，灵太后临朝主持朝政，因刘腾与于忠有保护肃宗的功勋，任命他为崇训太仆，加授中侍中，改封为长乐县开国公，食邑一千五百户，封他的妻子为钜鹿郡君，经常让人领她到内宫来，她领受的赏赐仅仅少于各位公主和外戚。刘腾收养的两个儿子，一个担任郡守，一个当了尚书郎。有一次，刘腾病重，灵太后担心他也许没救了，就提升他为卫将军、仪同三司，其余官职仍旧，不过，刘腾的病后来好了。刘腾受命任官时，肃宗应该亲自到殿前来，适逢那天刮起大风，非常寒冷，才没有去，而是派使者手持符节，向他授官。刘腾从小在宫中当差，不会写字，只会签名，但是奸狡的智谋绰绰有余，善于猜测别人的用意。灵太后临朝主政，刘腾格外受宠，得到进用。他频频请托，对于朝廷内外琐碎的事情，凄凄惶惶，不知疲倦。洛阳北面的永桥、太上公和太上君以及城东的三座寺庙，都由他主持营建。

吏部曾经察看刘腾的用意，奏用他的弟弟为郡中统领戍兵，由于其人资质并不相称，清河王元怿压下此事，不肯授官。刘腾为此怀恨在心，随即与领军元叉害死元怿。他们将灵太后废黜在宣光殿里，宫门日夜经常紧闭，与外界断了联系。刘腾亲自拿着钥匙，肃宗也不能与灵太后见面，只是任随他送些食物而已。灵太后的服装和膳食都无人料理，不免挨饿受冻。刘腾又指使中常侍贾粲佯称侍候肃宗读书，实则密令贾粲察看并提防肃宗的行动。元叉让刘腾担任司空公，专擅朝廷内外大权，互相支持。元叉防范外朝，刘腾戒备内宫，两个人轮流在宫中值班，共同裁定赏罚。随后，刘腾与崔光一起接受诏命，可以坐由人拉的车子出入殿门。四年里，生杀大权都掌握在元叉和刘腾手里，八座、九卿每天先前往刘腾的家中参拜乞命，然后才到各省各府办公，也有一整天见不到刘腾的。公家和私人拜托他们办事，只看钱财；水陆舟车之利，霸占无遗；山林湖泽间的物产，处处垄断；搜刮六镇军民的财物，勾结互利，每年收入的财物以万万计。同时，他们对宫女颇加役使，时常进行勒索，公然接受妇女使用的器物，还强占邻居的房舍，拓广自己的屋宇，天下人都恨透了他们。

正光四年三月，刘腾死在任上，当时六十岁。办理丧事用了丝制七百匹、钱四十万、蜡二百斤。鸿胪少卿为他治理丧事，宦官充当义子，有四十多人为他服丧。

刘腾刚建住宅时，奉车都尉周特为他用蓍草占卜，结果不吉，便极力劝阻，刘腾发怒，不肯听信。周特告诉别人说："准在三月、四月之交垮台。"到这时，刘腾果然死去，堂屋刚刚建成，就陈尸其中。朝廷追赠刘腾为使持节、骠骑大将军、太尉公、冀州刺史。在刘腾入葬的那天，宦官为他服义孝，有数百人披麻戴孝，朝廷权贵一律跟随前往，车辆拥挤，前后相连，直到郊外。北魏建国以来，掌权宦官存亡的盛况都比不上刘腾。

灵太后重新执政后，削去刘腾的爵位，掘开他的坟墓，拆散并暴露尸骨，没收财产充公。后来，刘腾收养的一个儿子叛降到萧衍一方，灵太后大怒，于是将刘腾其余的养子迁徙到北部边远地区，不久又派密使在汲郡追上他们，杀戮一光。

贾粲传

——《魏书》卷九四

【原文】

贾粲，字季宣，酒泉人也。太和中，坐事腐刑。颇涉书记，世宗末渐被知识，得充内侍，自崇训丞为长兼中给事中、中尝药典御，转长兼中常侍，迁光禄少卿，光禄大夫。

灵太后之废，粲与元叉、刘腾等伺帝动静。右卫奚康生之谋杀叉也，灵太后、肃宗同升于宣光殿，左右侍臣俱立西阶下。康生既被囚执，粲绐太后曰："侍官怀恐不安，陛下宜亲安慰。"太后信之。适下殿，粲便扶肃宗于东序，前御显阳，还闭太后于宣光殿。

粲既叉党，威福亦震于京邑。自云本出武威，魏太尉文和之后，遂移家属焉。时武威太守韦景承粲意，以其史绪为功曹，绪时年向七十。未几，又以绪为西平太守，比景代下，已转武威太守。

灵太后反政，欲诛粲，以叉、腾党与不一，恐惊动内外，乃止。出粲为济州刺史，未几，遣武卫将军刁宣驰驿杀之，资财没于县官。

【译文】

贾粲，字季宣，酒泉人。太和年间因事犯法，遭受腐刑。贾粲认识一些字，世宗末年逐渐被发现，受赏识，得以担任内侍宦官，由崇训丞当了长兼中给事中、中尝药典御，改任长兼中常侍，升任光禄少卿、光禄大夫。

灵太后遭到废黜，贾粲与元叉、刘腾等监视肃宗的动静。右卫奚康生谋杀元叉时，灵太后和肃宗一起登上宣光殿，左右侍臣都站在西阶下。奚康生被捕囚禁后，贾粲哄骗灵太后说："侍从官员惶恐不安，陛下应该亲自加以安尉。"灵太后信以为真，刚走下大殿，贾粲就把肃宗扶到东厢房里，在显阳殿前抵御，又返回来把灵太后关在宣光殿里。

贾粲既然是元叉的党羽，其权势也震撼京城。贾粲说自己原籍武威，是曹魏太尉贾翊的后代，随即把家搬到酒泉。当时，武威太守韦景秉承贾粲的意旨，让他的哥哥贾绪担任功曹，贾绪那时将近七十岁。不久，韦景又让贾绪担任西平太守。及至韦景调离时，贾绪已经改任武威太守了。

灵太后重新主政，想杀贾粲，由于元叉、刘腾的党羽并不相同，恐怕使朝廷内外受到惊动，便没下手。灵太后外放贾粲为济州刺史，不久又派武卫将军刁宣火速骑驿马赶去将他杀死，资财没收归于官家。

成轨传

——《魏书》卷九四

【原文】

成轨，字洪义，上谷居庸人。少以罪刑，入事宫掖，以谨厚称，除中谒者仆射。高祖意有所欲，轨瞻候容色，时有奏发，辄合帝心。从驾南征，专进御食。于时高祖不豫，常居禁中，昼夜无懈。车驾还，赐帛百匹。

景明中，尝食典御丞，仆射如故，转中给事中、步兵校尉，敕侍东宫。延昌末，迁中常侍、中尝食典御、光禄大夫，赐始平伯，统京梁都将，转崇训太仆少卿。遭母忧，诏遣主书常显景吊慰。又起为本官，进安东将军、崇训卫尉卿。久之，超迁中侍中、抚军将军，典御、崇训如故，寻除中军将军、燕州大中正。孝昌二年，以勤旧封始平县开国伯，食邑三百户。肃宗所幸潘嫔，以轨为假父，颇为中官之所敬惮。

建义初，轨迎于河阴，诏令安尉宫内，进爵为侯，增户三百，并前六百户，迁卫将军。其年八月卒，赠车骑大将军、雍州刺史，谥曰孝惠。

养弟子仲庆，袭，历位镇军将军、光禄大夫，卒。子朏，袭，齐受禅，例降。

【译文】

成轨，字洪义，上谷居庸人。年轻时因罪遭受腐刑，进入后宫供职，以谨慎厚道知名，受任中谒者仆射。只要高祖想干什么，成轨察言观色，时常奏请实行，总是令高祖满意。成轨跟随高祖南征，专掌进献御餐。那时高祖得了病，成轨经常住在宫中，夜以继日，不敢懈怠。高祖还京，赐予丝帛一百匹。

景明年间，成轨当了赏食典御丞、仍然担任仆射，改任中给事中、步兵校尉，受命侍奉太子。延昌末年，成轨升任中常侍、中常食典御、光禄大夫，赐爵始平伯，统辖京梁都将，改任崇训太仆少卿。适逢母亲去世，世宗下诏派主书常显景前去吊唁慰问。接着，成轨又被起用为本官，晋升为安东将军、崇训卫尉卿。许久以后，成轨越级被提升为中侍中、抚军将军、仍然担任中尝食典御、崇训卫尉卿，不久得任中军将军、燕州大中正。孝昌二年，因成轨是办事勤勉的故旧，封为始平县开国伯，食邑三百户。肃宗宠爱的潘嫔，认成轨为义父，宦官对成轨深为敬畏。

建义初年，成轨到河阴迎接敬宗，敬宗下诏命他安慰内宫人员，因而晋升为侯爵，增加食邑三百户，与以前的封户合计为六百户，升任卫将军。当年八月，成轨去世，赠官车骑大将军、雍州刺史，谥号为孝惠。

养弟子成促庆承袭封爵，历任镇军将军、光禄大夫而死。成促庆的儿子成朏承袭封爵，北齐接受帝位禅让，成朏照例降低爵位。

王温传

——《魏书》卷九四

【原文】

王温，字桃汤，赵郡栾城人。父冀，高邑令，坐事被诛。温与兄继叔俱充宦者。高祖以其谨慎，补中谒者、小黄门，转中黄门、钩盾令，稍迁中尝食典御、中给事中，给事东宫，加左中郎将。

世宗之崩，群官迎肃宗于东宫。温于卧中起肃宗，与保母扶抱肃宗，入践帝位。高阳王雍既居冢宰，虑中人朋党，出为钜鹿太守，加龙骧将军。

灵太后临朝，征还为中常侍、光禄大夫，赐爵栾城伯，安南将军领崇训太仆少卿，特除使持节、散骑常侍、抚军将军、瀛州刺史。还，除中侍中，进号镇东将军、金紫光禄大夫，迁车骑将军，左光禄大夫、光禄勋卿，侍中如故。孝昌二年，封栾城县开国侯，邑六百户。温后自陈本阳平武阳人，于是改封武阳县开国侯，邑如故。

建义初，于河阴遇害，年六十六。永安初，赠骠骑大将军、仪同三司、雍州刺史。养子冏哲，袭，齐受禅，例降。

【译文】

王温，字桃汤，赵郡栾城人。父亲王冀担任高邑县令，因事犯罪被杀，王温与哥哥王继叔都当了宦官。高祖因王温谨慎，补授中谒者、小黄门，后改任中黄门、钩盾令，逐渐升任中尝食典御、中给事中，供职东宫，加任左中郎将。

世宗去世时，百官到东宫去迎接肃宗。王温从卧室中叫起肃宗，与保姆一个抱着肃宗，一个扶着肃宗，进宫登上帝位。高阳王元雍担任冢宰后，担心宦官结党营私，将王温外放为钜鹿太守，加授龙骧将军。

灵太后临朝主政，征召王温回朝担任中常侍、光禄大夫，赐爵栾城伯，受任安东将军、领崇训太仆少卿，破格任命他为使持节、散骑常侍、抚军将军、瀛州刺史。由瀛州回朝后，任命他为中侍中，进升封号为镇东将军、金紫光禄大夫，升任车骑将军、左光禄大夫、光禄勋卿，仍然担任侍中。孝昌二年，王温被封为栾城县开国侯，食邑六百户。后来，王温说自己原来是阳平武阳人，于是朝廷改封他为武阳县开国侯，食邑仍旧。

建义初年，王温在河阴遇害，当时六十六岁。永安初年，朝廷追赠他为骠骑大将军、仪同三司、雍州刺史。养子王鉴哲承袭爵位，北齐接受帝位禅让，爵位降低。

后　记

《魏书》共130卷,为北齐魏收撰,是一部纪传体的北魏史。原书在北宋时便已经散佚。流传下来的已经不完整。书分纪、传、志三部分,志中的“释老志”“官氏志”“食货志”,对宗教源流、经济制度、门阀权势的阐释与解析,在国史上评价较高。而纪、传两部分,一直有“魏收以修史酬恩抱怨”一说,甚至称其为秽史。

由于本书为了方便广大师生阅读的需要,特选了《列传》中的35篇作为编选,意图客观地介绍本书,希望今天的读者能够正确地对待历史,了解一定历史阶段的社会和人。而未加编选的部分,由于作者本人时间和精力的不足,未能对相关的内容译释整理,望广大读者见谅。

想对《魏书》作更深一步认识和了解的朋友,可参照上海古籍出版社1986年联合出版的《二十五史》书面中的《魏书》。此书收“帝纪”14卷22篇,“列传”96卷92篇,“志”20卷,是目前较为完整的版本。

本书在编选过程中得到了许多同行朋友和研究者的斧正,这里致以感谢。